창연:蒼然錄

창연:蒼然록

푸르고 아득한 은혜의 기록

박연근 목사

LOGOS&PAPER

일러두기

1. 「창연록」은 2020년부터 2025년 10월까지 대구 쉼터교회 월간지에 실린 칼럼과, 극동방송에서 전한 설교 원고를 모아 엮은 책입니다.
2. 글 속에는 당시의 사회적 상황이 비치기도 하며, 성경 인용은 개역개정판을 기준으로 하였습니다.
3. 단행본으로 묶으면서 원고의 정서는 존중하면서도, 한결 편안히 읽을 수 있도록 문장과 문법을 다듬었습니다.
4. 책은 전편(시간의 결을 따라) 과 후편(빛으로 남은 말씀) 으로 나누어, 전편은 삶의 이야기를, 후편은 극동방송 설교내용을 담았습니다.

책을 펴내며

　창연록(蒼然錄)은 쉼터교회 성도들과 이웃들에게 삶의 현장에서 전해 온 매월 칼럼 형식의 이야기를 한데 엮은 책입니다. 글 속에서 하나님의 향기가 스며나올 수 없을까 고민하며 기록한 삶의 이야기입니다.

　성경에는 하나님의 이름이 직접 언급되지 않는 에스더서와 아가서가 있습니다. 그러나 그 안에는 뜨거운 하나님의 간섭과 인도하심, 사랑이 깊이 새겨져 있습니다.

　이처럼 보이지 않아도 역사하시는 하나님의 은혜와 영광이 드러나기를 바라는 마음으로, 목회 칼럼을 모아 교회 창립 30주년 기념 책으로 준비했습니다.

　책을 받아 늘고 보니 제 자신을 돌아보게 됩니다. 젊은 시절에는 신앙의 열정과 자신감이 충만했지만, 세월이 흘러 이제 모든 것을 조용히 내려놓아야 할 나이가 되니 제 발자국은 구부러져 있고, 부족하고, 넘어지고, 때로는 주저한 흔적들로 가득합니다. 그럼에도 불구하고 하나님께서는 한결같이 설명할 수 없는 섭리 속에서 저를 붙들어 주시고, 쉼터교회를 개척하게 하시며 지금까지 지켜 주셨습니다.

　이 책은 그런 제 인생의 길 위에서 발견한 은혜의 조각들을 담은 작은 기록입니다. 완벽한 신앙인의 답안지가 아니라, 한 목회자가 걸어온 흔적과 그 속에서 만난 주님의 신실하심을 담담히 고백한 이야기입니다.

　창연록이 세상에 나오면서 격려와 축서의 글을 보내 주신 귀한 정세광 목사님과 조현선 장로님께 깊이 감사드립니다. 저의 부족함을 아시면서도 기도해 주신 모든 분들의 따뜻한 마음을 잊지 않겠습니다.

　무엇보다 지난 30년 동안 쉼터교회와 함께 신앙의 여정을 걸어온 당회 장로님들과 성도 여러분께도 감사를 드립니다. 여러분이 저를 믿고 따라 주셨기에 다시 일어설 수 있었고, 오늘 이 자리까지 올 수 있었습니다.

　특히 제 목회의 처음부터 지금까지 변함없이 조언하고 살펴 주며, 모든 것을 참아 주고 믿어 주며, 고난과 아픔의 시간에도 눈물을 삼키고 몸과 마음을 다해 자녀를 말씀과 교육으로 잘 키우며 저를 도와 준 배필이자 동역자인 아내에게 진심 어린 감사를 전합니다.

　또한 이 책이 나오기까지 편집 및 기획을 하고 헌신적

으로 수고해 주신 로고스 앤 페이퍼 이승갈 대표님께 참으로 감사를 드립니다.

쉼터교회 시작이 엊그제 같았는데 지나온 30년을 생각하면 그냥 감사, 그저 감사할 뿐입니다. 마음 깊은 곳에 인간의 힘으로는 설명할 수 없는 하나님의 은혜와 긍휼하심이 나를 붙들고 계심을 믿고, 함께 울고 웃으며 동역해 준 성도들의 얼굴을 떠올리니 눈물이 맺히는 것은 무슨 이유일까요?

저는 여전히 부족합니다. 바울처럼 죄인입니다. 그럼에도 오늘도 제 안에 주님의 영이 함께 하심을 믿기에 말씀과 기도로 하루를 붙들고 고백합니다. 이 책이 누군가에게 주님을 믿게되고, 삶을 돌아보며, 아직도 우리를 인도하시는 하나님을 다시 신뢰할 용기를 주길 소망합니다. 그리고 부디 이 글을 읽는 모든 분들이 삶의 자리에서 묵묵히 믿음을 지키며, 하나님 앞에 충실히 서게 되길 간절히 기도합니다.

2025년 10월 10일, 별빛 같은 은혜를 기억하며
대구쉼터교회에서 박연근 목사

추천의 글

정 세 광 박사
California Arts University 설립자, 총장

"눈이 부시게 푸르른 날은 그리운 사람을 그리워하자."

서정수 시인의 구절이 오늘 아침 문득 떠오르며, 제가 늘 사랑하고 존경하는 박연근 목사님의 저서 《창연蒼然록》과 겹쳐지는 듯합니다.

"친구를 알려면 함께 여행을 하라"는 말이 있습니다. 저는 박 목사님 내외분과 사반세기 동안 동역하며, 수없이 많은 길을 함께 걸을 기회가 있었습니다. 그 과정에서 제가 느낀 두 분은 흔히 말하는 '뚝배기보다 장맛'이라는 표현을 넘어서, 투박한 그릇조차 빛나게 하는 삶의 향기를 지닌 분들이었습니다. 순박하고 토속적이면서도 현대적인 세련미까지 갖춘, 진실한 벗이었습니다.

오늘날 우리는 디지털을 넘어 AI 시대로 살아가고 있습니다. 모든 것이 빠르고 편리해졌지만, 그만큼 잊히는 것도 많습니다. 그래서 종종 지지직거리는 잡음조차 정겨운 옛 레코드판(LP)을 찾듯, 사람들은 다시금 따뜻한 감성과 향수를 그리워합니다.

박 목사님의 글과 설교는 바로 그 향수를 불러일으킵니다. 푸르고 아득한 기억과 감성 위에 하나님의 말씀이 겹쳐져, 독자들로 하여금 은혜의 강가에 이르도록 이끄는 힘이 있습니다. 박 목사님께서 편지처럼 보내주시던 칼럼과 영상이 저에게는 늘 감동을 주었는데, 이제는 책으로 다시 만날 수 있어 더욱 뜻깊습니다.

평소 존경하는 벗, 박연근 목사님의 신간 《창연蒼然록》 출간을 진심으로 축하드리며, 독자 여러분께도 이 책을 기쁘게 권합니다. 푸르고 아득한 기록 속에서 오래도록 머물 은혜와 울림을 만나시기를 바랍니다.

축하의 글

조현선 은퇴장로
쉼터교회

우리 쉼터교회가 서른 살이 되는 해에, 박연근 목사님께서 은퇴를 맞이하셨습니다.

지금까지의 걸음을 돌아보면 은혜 아닌 것이 없었고, 앞으로도 하나님께서 풍성한 은혜로 인도하시리라 믿습니다. 그러나 마음 한켠에는 뭉클함과 아쉬움이 남습니다.

교회 개척의 수고를 아시는 여호와 하나님, 이제 목사님의 앞길을 꽃길로 인도하여 주옵소서. 대구 동쪽 시지에 둥지를 틀었던 쉼터교회를 여기까지 지켜주신 것 역시 전적인 은혜였습니다. 모든 것이 감사요, 모든 것이 주님의 은혜입니다.

이스라엘이 언약궤를 중심으로 질서 정연하게 행진

하던 모습처럼, 쉼터교회도 말씀을 중심에 두고 새롭게 나아가길 원합니다. 말씀 안에 길이 있고, 답이 있으며, 방법이 있음을 믿습니다. 비록 우리가 약하고 자주 넘어지지만 자녀들을 눈동자같이 지켜 주셔서 시험에 빠지지 않게 붙들어 주옵소서.

이제 박연근 목사님의 칼럼들이 《창연蒼然록, 푸르고 아득한 은혜의 기록》으로 묶여 성도들을 은혜의 강가로 인도하게 됨을 감사드립니다. 쉼터교회의 모든 직분자와 성도들이 예배와 기도, 감사의 삶으로 하나님을 경외하며 거룩한 뜻을 이루어 가기를 소망합니다.

모든 것을 합력하여 선을 이루실 주님을 의지하며, 피 값으로 사신 교회를 든든히 세우실 것을 믿습니다.

목 차

- 05 책을 펴내며
- 08 추천의 글
- 10 축하의 글
- 15 前編, 시간의 결을 따라
  (칼럼 2020 ~ 2025)
- 277 後編, 빛으로 남은 말씀
  (방송설교, 극동방송 복음의 소리)

前編 , 시간의 결을 따라 。

칼럼 2020 ~ 2025

2020년

1월　빛으로 둘러싸인 해

2월　봄을 기다리듯 나라를 기다리며

3월　소박한 행복의 자리

4월　다소의 밤을 지나며

5월　한 사람, 한 분, 한 표

6월　섬에 뿌려진 씨앗

7월　하나님의 CCTV 앞에서

8월　어찌할꼬

9월　언젠가 불고 싶은 노래

10월　시월 어느 날 (은혜를 기억하며)

11월　참된 감사, 전도의 삶

12월　위로자

빛으로 둘러싸인 해

새해가 되면 우리는 시간의 소중함을 마음에 새기며, 새로운 도전을 향한 열심과 소망(Vision)을 품고 하나님 앞에 담대히 서게 됩니다. 희망이 있다는 사실이 우리 삶에 활력을 불어넣고, 생명의 약동을 일으키게 합니다.

인도네시아 선교지를 방문했을 때, 보루네오섬에서 이른 아침 바다 저편으로 붉은 태양이 떠오르는 광경을 보며 황홀함을 느껴본 적 있습니다. 또, 캐나다 록키산맥은 해발 2500-3000m가 되는 고지로, 눈으로 덮일 때가 많습니다. 그 록키산맥의 삼각 봉우리 사이로 태양이 떠올라 햇살이 산맥을 밝히면 새하얀 눈이 반짝이며 장엄한 장관을 이루는데, 이는 바닷가에서 느낀 황홀함과는 또 다른 차원의 감동이었습니다.

2020년은 감동이 있는 해가 되길 기대해 봅니다. 지금 국내 정치·경제 상황은 녹록지 않아 국민들의 불만과 불안이 높은 때입니다. 그러나 이럴 때일수록 우리의 시야를 넓혀 주님을 바라봅시다. 보루네오섬에서 떠오르던 황홀한 태양보다, 록키산맥의 장엄한 햇빛보다, 더 크고 영광스러운 하나님의 영적인 빛이 우리를 둘러싸는 은혜의 해가 되기를 원합니다.

그 빛은 성경 속에서 나옵니다.
그 힘(Energy)은 말씀에서 나옵니다.

우리 교회는 새해를 맞아 2020~2030년을 향한 장기 계획을 세우고, 교회의 조직을 새롭게 정비하며, 부서를 조직화하려 합니다. 또한 에스라의 말씀부흥 운동과 느헤미야의 혁신과 부흥을 가슴에 품고, 말씀 공부와 훈련에 전력을 다하여 헌신과 감동이 넘치는 한 해가 되기를 주님의 이름으로 축복합니다.

2020.1.

봄을 기다리듯 나라를 기다리며

  18년 전, 미국 동부 리젠트대학원에서 목회학 박사 학위를 받고 아내와 함께 여행을 준비하던 때는 참으로 가슴 설레는 날이었습니다. 비록 어설픈 논문이었지만 무사히 통과한 뒤 동기들과 함께 미국 졸업식에 참여할 때는 마음이 벅찼습니다. 백악관도 구경하고, 나이아가라 폭포도 방문하며 동기 부부들과 함께 즐겁고 설레는 시간을 가졌습니다. 나이아가라 폭포에서 "나이야, 가라~!"를 외치면 젊어진다는 농담을 믿고 배를 타고 들어가 외쳐보았지만, 18년이 지난 지금 우리는 주름이 늘고 그날은 추억이 되었습니다.

  지하 교회를 개척하여 힘들고 어려웠던 시절이 있었습니다. 언제쯤이면 비가 새지 않는 교회, 점심시간에 설거지를 편히 할 수 있는 교회, 사택 마루가 아닌 넉넉한 공간에서 식사할 수 있는 교회가 될까? 화장실이 불편하지 않고, 교육시설이 조금이라도 좋은 교회, 냄새나는 지하실을 벗어나 마음껏 예배드릴 수 있는 교회당을 세우는 날이 올까? 그 날을 기다리며 기도했는데, 마침내 그날이 오고야 말았습니다. 2010년 12월 12일 오후 2시, 개척 15년 만이었습니다. 그날 또한 가슴 설레는 날, 오랫동안 기다린 날이었습니다.

　봄이 오는 소리가 벌써 들려옵니다. 지난 겨울은 유난히 추위가 덜한 것 같지만, 그래도 봄을 기다립니다. 봄과 함께 부활절을 생각합니다. 부활하신 주님은 제자들이 보는 앞에서 하늘로 올라가셨고, 본 그대로 다시 오신다고 약속하셨습니다. 아브라함에게 약속하신 하나님의 나라가 계시록을 통하여 반드시 이루어집니다. 주님이 왕이신 그 나라가 반드시 오고야 맙니다. 그 날은 추억이 아니라, 지금도 계속되는 현재진행형의 나라입니다. 봄을 기다리듯 우리는 하나님의 나라를 기다립니다. 그 속에 제 개인의 꿈도, 교회의 꿈도, 이 민족의 꿈도 사라지지 않고 숨어 있습니다. 반드시 이루어질 것을 믿습니다.

　2020. 2.

소박한 행복의 자리

헤르만 헤세의 시 가운데 이런 구절이 있습니다.

"그것이 무엇인지 모르면서도 모든 인생은 그것을 찾아 평생 헤매이네, 오 행복이여."

아마 그런 의미에서 '칼 붓세'라는 사람의 시가 유명해졌는지도 모릅니다.

"저 산 너머 또 너머 저 멀리/모두들 행복이 있다 말하기에/남을 따라 나 또한 찾아 갔건만/눈물 지으며 되돌아 왔네/저 산 너머 또 너머 더 멀리/모두들 행복이 있다 말하건만…"

행복론을 쓴 한 저자는 이렇게 말했습니다.

"만일 당신이 유별난 사람이 아니라면, 사랑을 나눌 수 있는 소박한 가정과 보람을 느낄 수 있는 직장, 그리고 가끔 자연을 찾아 여행을 떠날 수 있는 여유만 있다면 당신은 이미 평균 이상의 행복한 사람임을 고백해야 합니다."

정말 공감되는 소박한 행복론입니다.

사랑하는 두 딸이 결혼하여 각기 열심히 살아가고 있습니다. 아직도 아이들 방의 물건을 다 치우지 못한 채 앨범과 사진, 책과 옷가지를 오가며 바라볼 때가 있습니다. 그럴 때마다 지난 시간들이 스쳐 지나가며 쓸쓸함과 그리움이 밀려옵니다.

아내도 이제 관절이 좋지 않아 몸이 약해졌음을 봅니다. 저 역시 설교를 준비하며 아내와 함께 여전히 분주히 살아갑니다. 그러다가도 아내와 마주 앉아 식사하며 돌아가며 기도할 때, 성도들이 있고 교회를 위해 일할 수 있음에 우리는 행복을 고백합니다.

헤르만 헤세가 말한 것처럼 "행복은 어디에나 있는 나의 친구요, 그는 산에도 있고 골짜기에도 있고, 꽃 속에도 있고 수정 속에도 있다." 했습니다.

행복을 애써 찾으려는 마음을 내려놓고 주님 안에서 바라보니, 두 사람만 식탁에 앉아 기도하며 식사하는 그 순간조차 감사와 기쁨임을 고백하게 됩니다.

2020. 3.

다소의 밤을 지나며

어느 목사님이 울란바토르에서 자동차로 19시간을 달려야 하는 시골 마을로 향하던 날, 고비 사막 한가운데서 버스가 고장이 났습니다. 불빛 하나 없는 사막에서 난감한 상황이었지만, 버스에서 내린 사람들은 캄캄한 밤하늘 지평선 저 끝에서부터 이 끝까지 하늘 가득 덮은 별빛을 보게 되었습니다. 사람들은 그 별빛과 침묵이 전해주는 마음의 소리와 아름다움에 잠시 취했습니다. 인간의 불빛이 사라진 자리에서, 별빛과 침묵이 영혼 깊은 곳까지 스며드는 순간이었습니다.

냉혈한이던 바울이 다마스쿠스로 가던 길에서 꼬꾸라졌습니다. 그곳에서 주님을 만난 그는 자신이 죄인임을 알기 시작했습니다. 결국 모든 것을 내려놓고 고향 다소로 돌아가 13년(4,745일)의 긴 밤을 홀로 보냈습니다. 그 어려운 세월 동안 그는 자신의 연약함과 죄인됨을 뼈저리게 깨달았습니다. 그러나 바로 그 연약함을 인정할 때, 주님 안에서 새로운 피조물의 기쁨과 믿음의 역설적인 강함을 배우게 되었습니다(고전 1:25-29).

오늘 우리는 코로나19로 큰 아픔과 고통의 시간을 지나고 있습니다. 그러나 이 고통의 긴 밤은 헛된 시간이 아닙니다. 알지 못하는 사이 인생에 대한 깊은 통찰을 얻고, 인간을 사랑하는 법을 배우며, 말씀의 깊이를 더하는 시간이 될 수 있습니다.

입을 닫고 원망을 뒤로하며 낮아진 자세로 고통의 시간을 통과할 때, 마치 울란바토르 고비 사막에서 고장 난 버스에서 내려 쏟아지는 별빛을 바라보며 하늘의 음성을 들었던 것처럼, 우리 또한 '다소의 밤'을 견디고 나면 영적 춘화현상이 일어날 것입니다.

하나님은 실수하지 않으십니다.

2020.4.

한 사람, 한 분, 한 표

　오늘 새벽(4월 15일) 말씀 본문은 여호수아 7장이었습니다. 지구상에서 가장 견고한 철벽성 여리고를 무너뜨리고 승리를 거둔 이스라엘 백성은 이제 가나안 땅을 눈앞에 두고 있었습니다. 그러나 여리고와는 비교도 되지 않는 작은 아이성 앞에서 이스라엘 군대가 물처럼 흩어져 대패하고 말았습니다. 그 이유는 하나님의 말씀을 어긴 단 한 사람, '아간' 때문이었습니다. 그는 하나님께서 취하지 말라 하신 금과 은덩어리를 은밀히 차지했기 때문입니다. 바로 그 한 사람으로 인해 이스라엘 공동체 전체가 어려움에 처하게 된 것입니다.

　지난 주일은 부활주일이었습니다. 코로나바이러스 상황으로 어려움은 있었지만, 성도들은 1부와 2부로 나뉘어 감사와 감격 속에 예배를 드렸습니다. "할렐루야! 우리 예수 부활 승천하셨네"라는 찬양은 가슴 벅찬 고백이었습니다. 부활절이 온 세상 그리스도인들에게 기쁨이 되는 이유는 단 하나, 만왕의 왕이시며 하나님의 유일하신 아들, 예수 그리스도께서 우리의 죄를 담당하시고 십자가를 지셨기 때문에 우리가 구원과 영생을 얻게 되었기 때문입니다.

오늘 새벽기도를 마친 뒤 아내와 함께 투표소로 향했습니다. 길게 줄지어 선 사람들은 모두 마스크를 착용한 채 자신의 한 표를 행사하기 위해 기다리고 있었습니다. 어제 뉴스에 따르면 이번 4·15 총선에 들어가는 예산은 4,102억 원이고, 한 표의 가치는 약 4,660만 원이라 했습니다. 4,660만 원은 분명 큰돈입니다. 물방울 하나하나가 모여 큰 강을 이루듯, 나의 한 표가 나라의 운명을 바꾸고 우리의 미래를 새롭게 할 수 있습니다. 한 사람의 잘못으로 인해 공동체가 어려움에 빠지듯, 한 분 예수님의 십자가 구원의 은혜로 인류가 구원을 얻었듯, 한 표의 행사로 역사도 달라질 수 있음을 생각할 때, 오늘은 참 중요한 날이었습니다.

2020.5.

섬에 뿌려진 씨앗

6월이 오면 떠오르는 여전도사가 있습니다. 1891년 2월 2일, 신안군 암태면 수곡리에서 태어난 문준경 전도사입니다. 그녀는 17세 꽃다운 나이에 정근택이라는 청년과 혼례를 올렸으나, 남편은 곧 큰 상처를 주고 집을 떠났습니다. 그리고 어느 날 첩을 데리고 돌아와 문준경 새댁은 첩의 아이까지 받아주고 몸조리까지 돌보아야 했습니다.

문준경 새댁은 이 모든 아픔을 뒤로하고 어느 날 전도부인의 간곡한 권면을 받았습니다. "어차피 속은 인생, 한 번 더 속아보자."는 마음으로 복음을 받아들였습니다. 그렇게 서러웠던 삶을 내려놓고 신앙에 힘쓰며 신학원에 다니게 되었고, 마침내 전도사가 되었습니다. 그녀는 담대히 고향으로 돌아가 온갖 핍박 속에서도 복음을 전하며, 마침내 온 동네 사람들이 예수를 믿게 되었고 증동리 교회를 세우게 되었습니다.

　문준경 전도사를 통해 많은 한국교회 지도자들이 배출되었습니다. 특히 C.C.C. 한국총재였던 고(故) 김준곤 목사님은 어린 시절 문 전도사를 통해 처음 예수님을 만나게 되었고, 그를 통해 예수를 믿게 된 일을 두고 "내 생애에 일어난 최대의 사건"이라고 고백했습니다.

　1950년 6·25 전쟁이 일어나자, 공산군을 중심으로 한 폭도들이 양민을 학살했고, 신안군 도서 지역은 좌익 세력이 섬 전체를 장악했습니다. 1950년 10월 4일 국군이 증도에 들어온다는 소식이 전해지자 좌익들은 교인들을 처형하기 시작했고, 문준경 전도사 역시 그 다음 날인 10월 5일, 59세의 나이로 총살당했습니다.

　그래서 6월이 오면, 이름도 빛도 없이 한 많은 삶을 살았으나 예수의 빛을 받아 섬을 복음으로 물들였던 증도의 문준경 전도사님이 더욱 생각납니다. 그녀가 흘린 눈물과 피는 사라진 것이 아니라, 오늘도 이 땅의 교회를 붙들고 있는 씨앗이 되었기 때문입니다.

우리의 삶이 때로 이름 없이, 빛 없이 흘러가는 것처럼 보여도 주님 안에서 드려진 헌신은 언젠가 반드시 열매 맺고 빛을 발하게 될 것입니다.

　2020.6.

하나님의 CCTV 앞에서

 어느 날 아내와 외출을 마치고 교회로 돌아와 보니, 교회당 뒤편 헌금함이 돌려져 있고 열쇠 구멍에는 흠집이 있었습니다. 이상히 여겨 목양실에 들어가 컴퓨터를 켜고 CCTV를 돌려보았습니다. 화면 속에는 오후 서너 시경, 키가 약 178cm쯤 되는 한 청년이 모자를 깊게 눌러쓰고 검은 마스크를 낀 채 성전 본당으로 올라와 주위를 두리번거리는 모습이 잡혀 있었습니다. 그는 뒤쪽 칠판에 분필로 무언가를 쓰는 듯하더니 곧 헌금함 앞으로 와서 좌우를 살피고, 가위로 열려다 실패하자 밖으로 나가 자전거를 타고 유유히 사라졌습니다.

 다윗은 사무엘하 11장에서 해가 바뀌자 장수들과 함께 출정하여 나라를 위해 앞장서야 했습니다. 그러나 그는 부하들만 전쟁터로 보내고 자신은 늦잠을 자며 왕궁 옥상을 거닐다가 목욕하는 여인을 보고 욕정을 품었습니다. 그에게는 이미 여러 아내가 있었고, 권력은 자기 손에 있었습니다. 그런데 그 여인이 바로 전쟁터에서 목숨을 바치고 있는 충신 우리야의 아내임을 알게 되었습니다. 그쯤 되었으면 생각을 고쳐 하나님 앞에서 정신을 차려야 했습니다. 그러나 다윗은 밧세바를 불러들이고 밀월의 시간을 가졌습니다. 그 결과 밧세바가 아이를 잉태하게 되었습니다. 은밀히 가려진 왕궁 밀실에서도 하나님의 'CCTV'는 다윗을 주목하며 돌아가고 있었습니다.

참된 신앙은 코람데오의 신앙, 곧 '하나님 앞에서'라는 의식을 가지고 있느냐에 달려 있습니다. 성숙한 신앙인, 바른 신앙인의 태도는 언제나 하나님 앞에 서 있다는 의식을 잊지 않는 것입니다. 참된 그리스도인은 하나님과 호흡하며 살아가는 말씀의 사람이 되어야 합니다.

2020. 7.

어찌할꼬

　첫 돌을 지난 손녀가 있습니다. 아침저녁 영상통화를 하며 "예쁘네" 축복하고 기쁨을 나눕니다. 여름성경학교에서 배운 율동을 따라 엉덩이를 흔들고 손뼉을 치며 즐거워하는 손녀의 모습은 참으로 감동스럽습니다. 초롱초롱한 눈망울과 순진하게 웃는 얼굴을 바라보며 기뻐하다가도, 그 아이의 미래를 생각하면 걱정이 앞섭니다. 왜일까요?

　최근 정의당 정혜영 의원을 비롯한 10명이 차별금지법을 국회에 상정했습니다. 헌법 11조 1항, "모든 국민은 법 앞에 평등하다"는 조항을 근거로 차별과 혐오를 막자는 취지로 보입니다. 그러나 그 속을 들여다보면 큰 위기와 갈등을 느끼지 않을 수 없습니다. 차별금지법은 성적 지향이나 사상, 종교에 대한 정당한 비판까지도 금지하려는 방향으로 흘러가고 있습니다.

이 법이 통과되면 동성애뿐 아니라 이성, 양성, 제3의 성, 심지어 젠더까지 수용하게 됩니다. 그리고 이에 대해 비판하거나 다른 의견을 제시했을 때, 상대가 굴욕감이나 혐오감을 느꼈다고 주장하면 곧바로 차별금지법의 제재 대상이 될 수 있습니다. 결국 이는 광범위한 표현의 자유를 침해하고, 새로운 형태의 역차별을 낳게 되므로 제정되어서는 안 됩니다.

앞으로 여러분의 자녀가 동성과 결혼한다고 할 때 반대하면 차별금지법에 저촉될 수 있습니다. 젠더의 경우, 남자가 신체적 변화 없이 스스로 여성이라고 선포하면 여성 화장실과 목욕탕에도 들어갈 수 있게 되고, 제재할 방법이 없습니다. 이제 교회 강단에서조차 성경 말씀에 따른 설교를 함부로 할 수 없게 되며, 언론과 방송, 신문, 미디어에서도 자유로운 강의가 어려워질 것입니다. 그러니 천사 같은 손녀와 다음 세대가 살아갈 세상을 생각할 때, 가슴이 아프다 못해 통곡할 수밖에 없는 위기의 때입니다.

우리 손녀를(우리의 청소년들을, 그리고 이 나라를) 어찌할꼬…?

2020.8.

언젠가 불고싶은 노래

　교회에서 발간하는 '쉼터의 생수'라는 책자가 있습니다. 이번 9월 책자 표지가 참 멋있습니다. 코로나에 짓눌리고, 분열과 갈등, 부동산 정책으로 화가 난 민심 속에서 이 표지는 잠시 복잡한 현실을 뒤로하고 가을을 떠올리게 합니다. 붉은 낙엽은 인생을 생각하게 하고, 멋진 노신사의 연주를 떠올리게 합니다.

　목회자인 나는 늘 예배를 인도하고 찬양을 부르지만, 박자를 틀릴 때가 많아 늘 조심스럽습니다. 제대로 음악공부를 하지 못한 것이 나의 큰 부족이자 아쉬움입니다. 그럼에도 불구하고 나는 세 가지 악기를 손에 쥐어 보았습니다. 바로 클라리넷, 트럼펫, 색소폰입니다. 쉼터의 생수, 책자 표지에 보이는 붉은 낙엽 앞 금관악기도 바로 그것들입니다. 물론 연주 실력이 있는 것은 아니고, 도레미를 연습하다가 멈춘 수준입니다.

다시 한 번 꿈을 꾸며 감상에 젖습니다. 적어도 두 가지 악기만큼은 열심히 연습하여 사람들 앞에서 연주해 보고 싶은 마음이 있습니다. 특히 색소폰은 목회 은퇴 시, 우리 성도들과 함께 모인 자리에서 설교 대신 "지금까지 지내온 것 주의 크신 은혜라"를 연주하며 감사 인사를 대신하고 싶습니다.

트럼펫은 평생 친구이자 늘 서로를 형님이라 우기며 울고 웃던 동역자와의 추억을 담은 악기이기도 합니다. 언젠가 그 친구의 장례식 발인예배를 맞이하게 될 때, 온 힘을 다해 "하늘 가는 밝은 길이 내 앞에 있으니…"를 연주하며 '형님, 잘 가시오' 하고 싶습니다. 서로 누가 형님이냐 하며 우정을 나눈 친구, 사실은 나보다 두 살 위인 그를 위해 바치는 트럼펫 연주입니다.

녹슨 트럼펫은 어디에 있는지 모르겠고, 색소폰은 내 서재 한쪽에서 나를 기다리고 있습니다. 교회 지휘자 장로님께서 말씀하시기를, "목사님, 은퇴하시고 하루에 아침저녁으로 빠짐없이 연습하시고 1,000시간만 채우면 악보를 보고 어디서든 연주하실 수 있습니다."라고 하셨습니다.

가을이 오는 9월의 길목에서 감성에 젖어 마음은 다시 젊어지고 성숙해짐을 느낍니다. 그리고 소망이 나를 다시 생기 돋게 합니다.

성도 여러분, 소망을 가집시다.

2020.9

시월 어느 날 (은혜를 기억하며)

　금년은 내 생애에 잊지 못할 일들이 이어지고 있습니다. 전혀 생각지 못한 코로나가 전 세계를 강타했고 지금도 끝나지 않은 싸움이 계속되고 있습니다. 이로 인해 우리는 기침 한번 제대로 하지 못할 정도로 조심스러워졌고, 마스크를 벗으면 비난을 받는 때가 되었습니다.

　게다가 태풍 마이삭과 하이선의 피해로 과일과 채소 농사는 큰 타격을 입었습니다. 자두를 베어 물었을 때 입안이 너무 시어 손을 놓아버린 기억이 납니다. 집을 잃고 농사를 망친 분들의 슬픈 눈물, 소상공인들의 한숨, 서민들의 눈물이 곳곳에 얼룩져 있습니다.
　흑인 영가에 나오는 찬송 372장처럼 "그 누가 나의 괴롬 알며, 그 누가 나의 슬픔 알까. 주밖에 누가 알아주랴…" 하는 노래가 절로 떠오릅니다.

글을 쓰는 오늘 아침은 청명한 가을 하늘이 펼쳐져 있습니다. 밝고 맑고 좋은 아침입니다. 이 좋은 기분이 금년에도 이어지기를 바랍니다. 우리 교회는 총회의 요청으로 한 주간 특별새벽기도회를 드렸습니다. 코로나와 나라와 민족, 교회 예배 회복과 다음 세대를 위해 성도들과 함께 기도했고, 오늘로 마무리했습니다. 주제는 "은혜, 언약을 기억하라"로 정하고 말씀을 전하며 기도했습니다.

시월의 어느 날, 내가 스무 살 되던 해 처음 교회에 나가 뜨거운 눈물을 흘리며 교회에 등록하고 예수 그리스도를 믿게 되었던 때가 기억납니다. 그것이 은혜였습니다. (kalis, 조건 없는 하나님의 사랑) 그리고 신학교로 들어가 목사가 되었고 교회를 개척하여 목회를 하게 되었습니다. 내일은 그 교회의 창립 25주년 기념일입니다. 은혜입니다. (kalis)

모든 은혜의 출발은 내가 열아홉 살 되던 해, 12월 31일 밤 11시경, 세 들어 살던 집 2층 장독대 옆에 숨어 드린 기도 아닌 기도였습니다.

"하나님, 저는 예수님도 무엇도 잘 모릅니다.
  그러나 살아 계시다면 저를 인도해 주옵소서."
그 기도 후, 해가 바뀌고 맞이한 10월의 어느 날, 나는 교회에 나가 그리스도인이 되었습니다.

은혜입니다. (kalis)

2020. 10.

참된 감사, 전도의 삶

 11월은 감사의 달입니다. 우리 교회는 수년 전부터 10월 셋째 주일을 추수감사주일로 지켜왔습니다. 그러나 금년은 코로나19로 인해 사람들의 마음에 상처가 깊고 질병의 어려움도 컸습니다. 질병관리본부나 각 지역 단체에서 매일 아침저녁으로 휴대폰에 전달하는 경고성 메시지는 국민들의 마음을 위축시키고 불안하게 만들었습니다. 그럴때마다 목회자로서 깊은 생각에 잠길 때가 많았습니다.

 성도들이 예배에 대한 정체성의 혼란을 겪고, 성도들과 목회자들까지도 대면·비대면 예배를 두고 나뉘는 모습을 보니 서글픔이 더해졌습니다.

 그러나 그럼에도 불구하고 하나님 앞에 감사할 것은 너무나 많습니다. 애굽에서 종살이하던 히브리 민족을 해방시키신 하나님의 역사는 은혜였습니다. 유월절 사건은 구약 속에 담긴 복음의 메시지입니다. 예수 그리스도의 십자가 보혈의 은혜가 얼마나 큰지, 우리의 죄가 유월(pass over)된 은혜를 우리는 잊어서는 안 됩니다. 또한 하나님 앞에 나아가 아버지를 부르며 기도할 수 있는 은혜를 주셨으니 얼마나 감사한 일입니까.

그뿐만이 아닙니다. 우리는 예배의 귀중함을 새롭게 알게 되었고, 화목제(함께 식사를 나누며 화목하는 예배)의 은혜가 얼마나 큰지도 깨닫게 되었습니다. 아내가 추수감사 헌금을 드리며 365일 날마다의 감사를 생각해 365,000원을 바치는 것을 보았습니다. 은혜의 표였습니다.

추수감사절에는 영아부에서부터 각 선교회별로 오곡백과와 감사를 드리는 입체적인 예배를 드렸습니다.
남선교회가 식사를 준비하여 성도들이 오랜만에 함께 오찬을 나누었고, 떡도 준비하여 각 가정에 나누어 드렸습니다. 그러나 이웃과 함께하지 못한 아쉬움이 남았습니다.
코로나로 인해 전도잔치를 하고 싶었지만 결국 우

리끼리의 잔치가 되고 말았습니다. 천국과 지옥은 분명히 존재하는데, 전도하지 못하는 것은 죄입니다. 참된 감사는 예수 그리스도의 복음을 전하여 사람들이 구원받게 하는 것, 그것이야말로 진정한 감사입니다.

   2020.11.

위로자

 지난 21일간 서울 오륜교회에서 다니엘 기도회와 간증집회가 있었습니다. 마지막 날, 성도들의 간증이 이어지는 중에 가수 윤복희 권사가 검은 옷을 입고 무대 중앙에 섰습니다. 조명이 그녀를 비추었고, 그녀는 감격스러운 마음과 몸짓으로 찬양을 불렀습니다.

 "주 하나님 지으신 모든 세계, 이 하찮은 것이 찬양 드립니다. 하늘의 별, 울려 퍼지는 뇌성, 주님의 권능 우주에 찼네…"

 감격스러운 찬양을 마친 윤 권사는 잠시 고백을 이어갔습니다. 지난 2월 코로나가 시작될 때 방 안에서 기도하며 "뮤지컬을 못 하면 어떡하나? 콘서트를 못 하면 어떡하나? 찬양을 못 드리면 어떡하지?" 하다가 "하나님, 찬양을 못 드리면 저를 이대로 불러가 주세요"라고 기도했다고 했습니다. 그리고 다시 숨을 고르고 눈가에 눈물이 고인 채, 1978년 자신이 가스펠 곡으로 만든 '여러분'을 온 마음을 다해 불렀습니다.

"네가 만약 괴로울 때면 내가 위로해 줄게.
네가 만약 서러울 때면 내가 눈물이 되리.
어두운 밤 험한 길 걸을 때 내가, 내가, 내가 너의
등불이 되리…
허전하고 쓸쓸할 때 내가 너의 벗 되리라.
나는 너의 영원한 형제야, 나는 너의 친구야,
나는 너의 영원한 노래야.
나는, 나는, 나는, 나는 너의 기쁨이야…"

윤복희 권사는 1976년 2월 28일 새벽, 전주 공연을 마치고 대구로 향하던 길에 큰 교통사고를 당했습니다. 당시 그는 인기를 누리며 규정 속도를 훨씬 넘겨 달리다가 차가 뒤집히고 샤프트가 부러지며 차량이 공중제비를 돌듯 두 바퀴나 구른 뒤 반대편 차선에 뒤집힌 채 내리꽂혔습니다. 비가 내리던 그 밤, 어두운 하늘에서 그녀는 빛을 보았다고 했습니다. 섬광처럼 날카로운 빛이 자신을 꿰뚫는 체험을 했고, 그 이후 새사람이 되었다고 고백했습니다.

2000년 전, 주님은 우리를 찾아오셨습니다.

빛이신 주님께서 말씀이 육신이 되어 이 땅에 오셨습니다. 우리는 주님의 눈물을 바라보고, 십자가의 피를 믿으며, 담대히 주님의 위로를 기다립니다.

다시 오실 주님을 생각하며 …

2020.12.

2021년

1월   삼수리점의 시작

2월   신실과 불신

3월   실수할 수 있는 자유

4월   어느 멋진 날

5월   라일락 향기 속에서

6월   잊지 말아야 할 6월

7월   내 영혼 평안해

8월   가야 할 길

9월   단풍과 성숙함

10월   시월 십일

11월   그리 아니하실지라도

12월   하나님의 나팔소리

삼수리점의 시작

 캐나다 록키산맥에 올라가면 '삼수리점'이 있습니다. 삼수리점은 지구상에 두 군데가 있는데 알래스카와 록키산맥에 있습니다. 얼음 사이로 흐르는 물이 북해, 대서양, 태평양으로 나뉘어 흘러가는데 이곳이 모든 물의 정점이라고 합니다.

 창세기 1장 1절은 "태초에 하나님이 천지를 창조하시니라"라고 말씀합니다. 그렇다면 모든 시작은 하나님으로부터 출발해야 합니다. 사람의 삶이 향하는 정점은 바로 창세기 1장 1절에 있습니다.
 이 지점이야말로 생사화복과 성공과 실패가 갈라지는 영적 분기점입니다.

 모세는 이집트의 핫셉수트 공주의 양자로 자랐습니다. 히브리인이었지만 나일강에서 건짐을 받아 공주의 양자가 되었고, 왕위에 오를 가능성까지 있었습니다. 그러나 사람을 죽인 죄로 미디안으로 도망쳐 호렙산 주변에서 40년을 방황했습니다. 그는 이집트 궁중에서 최고의 문학, 철학, 법학, 천문학, 무예를 배워 나라를 다스릴 능력을 갖춘 사람이었습니다. 그러나 스스로는 아무것도 할 수 없음을 알았습니다. 그가 아는 하나님은 히브리 민족의 하나님, 아브라함의 하나님, 이삭의 하나님, 야곱의 하나님이었지만 구체적으로는 알지 못했습니다.

어느 날 호렙산 가시덤불에 불이 붙은 가운데 하나님께서 모세를 찾아오셨습니다. "모세야, 모세야" 부르시는 음성에 놀란 모세에게 사명을 주시며, "내가 너와 함께하겠다. 히브리 백성을 구원하기 위하여 너와 함께하겠다" 말씀하셨습니다. 그동안 알고 있던 하나님은 초월하신 하나님이었는데, 이때 비로소 신앙의 정체성이 정리되는 시간이 되었습니다. 바로 '함께하시는 하나님(샤켄의 하나님), 임마누엘의 하나님'을 알게 된 것입니다.

우리의 시작은 어디서 출발하며, 그 정점에서 어디

로 흘러가는지를 아는 것이야말로 인생을 성공으로 이끄는 영적 분수령이 됩니다.

　새해는 하나님과 함께, 말씀으로 오신 주님과 함께, 세상 끝날까지 함께 하시는 성령님과 함께 출발하심으로 참된 출발의 정점에 설 수 있기를 축복합니다.
　2021.1.

신실과 불신

 '신실하다'는 말은 믿음의 사람을 가리킵니다. 믿음의 사람은 말씀을 마음에 새기고 삶으로 실천하는 사람입니다. 즉, 신실한 사람은 곧 믿음의 사람이며 충성스러운 사람입니다. 반대로 불신은 사람을 믿지 못하고, 믿음이 없으며, 삶이 충성스럽지 못할 뿐 아니라 자기중심적인 이기심에 사로잡힌 사람을 뜻합니다.

 내가 '세모'의 생각과 답을 가지고 있으면, 다른 사람도 모두 세모의 생각을 가져야만 정답이라고 여기는 경우가 있습니다. 또 내가 '네모'의 생각을 마음에 두고 있으면, 그 외에는 소통이 불가능하다고 여기는 모습도 우리 주변에서 쉽게 볼 수 있습니다.

 목회자인 저는 믿음으로 살아가며 대중 앞에 서야 하고, 설교를 자주 하기에 공인으로 살아갈 수밖에 없습니다. 공인이기에 더욱 분명한 잣대, 곧 하나님의 말씀으로 살아야 합니다. 말씀의 본뜻과 문맥을 바르게 파악하고, 그 말씀을 사람들이 이해할 수 있는 언어로 풀어내려 애쓰고 있습니다.

때로는 성도들을 사랑하며, 충성스러운 일꾼으로 세우고자 하는 마음으로 교제하고 선하게 일을 맡기기도 합니다. 그러나 그 마음이 오히려 오해를 불러일으키고 불신을 초래할 때가 있습니다. 그럴 때는 변명으로 오해를 풀고자 하지만, 이미 불신의 마음을 품은 이들에게는 변명이 문제를 해결하지 못한다는 것을 자주 경험합니다. 그래서 결국은 입을 다물고 기도하며 목회의 중심을 붙잡습니다.

"사람은 오해할 권리가 있다. 나는 해명할 의무가 없다. 내 가는 길을 하나님이 아신다."

이 고백을 붙들고 묵묵히 그들을 위해 기도하며 나아갈 때, 제 마음은 다시 평안해지고 사명의 자리를 지킬 힘을 얻게 됩니다. 그리고 시간이 지나면 하나님께서 친히 진실을 드러내시고, 그분의 방법으로 길을 여시는 것을 보며 영적으로 큰 위로와 도움을 경험합니다.

사랑하는 여러분!

우리의 개인적인 삶 속에서도, 또 나라와 세상을 바라볼 때에도 도저히 이해할 수 없는 일들과 말들을 접할 때가 있습니다. 억울함이 밀려오고 마음이 흔들릴 때도 있을 것입니다. 그러나 그때 시험에 들지 말고, 낙심하지 맙시다. 오히려 믿음으로 기도하며 하나님의 선하신 뜻이 결국 이루어지기를 간구합시다.

2021.2.

실수할 수 있는 자유

우연히 유튜브를 보다가 제가 아는 목사님이 '싱어게인' 우승자 이승윤과 함께 표지(썸네일)에 나온 것을 보았습니다. "왜 저 목사님이 이승윤이라는 친구와 함께 나와 있지?" 하는 호기심에 영상을 클릭해 살펴보다가, 자연스럽게 이승윤이라는 젊은 뮤지션의 말과 고민, 생각을 듣게 되었고 그의 노래도 여러 곡 접하게 되었습니다.

그는 '무명 가수만 출연'한다는 프로그램의 컨셉에 마음이 끌려서 평소 자신이 좋아하는 음악을 돌아보고 앞으로의 길을 고민하는 계기로 출연했다고 말했습니다. 그런데 결국 그는 치열한 경쟁을 뚫고 최종 우승자가 되었습니다.

유튜브에 함께 사진이 올라온 목사님은 한국 교회에 신선한 충격을 주었던 100주년 기념교회 이재철 목사님이었습니다. 그는 2년 3개월 전, 경남 거창군 웅양면

산골에 터를 잡고 남은 생애를 시작하셨습니다. 20여 년 전 우연히 서점에서 목사님의 책을 집어 들었다가 내용이 좋아 구입했고, 그렇게 하나둘 모으다 보니 어느새 30권이 넘게 되었습니다. 자연스럽게 그의 삶과 사역에 관심이 깊어졌고 나아가 이재철 목사님의 교육철학에도 눈을 돌리게 되었습니다. 그의 자녀는 아들만 네 명인데, 교육철학은 분명했습니다.

"아이의 생김새가 다르듯 재능도 다름을 인정한다. 네 아들 모두가 실수할 수 있는 자유를 누리게 하고 싶다."

이 한마디에 담긴 이재철 목사님의 교육철학은 분명했습니다. 자녀가 철저히 자립심과 예의를 갖추며, 스스로를 발견하고 실수할 자유까지 누릴 수 있도록 하는 것이었습니다.

보통 아들이 넷이면 한 명쯤은 목회자의 길을 걷기를 바랄 법도 합니다. 그러나 이 목사님의 아들들은 모두 각자의 다른 길을 걸었습니다. 큰아들은 변호사 이승훈, 둘째는 구독자 30만 명의 유튜버 이승국, 셋째는 '싱어게인' 우승자 이승윤, 막내는 현재 독일 라이프치히대학에서 미술을 전공 중인 이승주였습니다.

이승윤 군은 '싱어게인'에서 우승했지만 흔히 들을 수 있는 "하나님께 영광을 돌립니다."라는 말은 하지 않았습니다. 그러나 그의 말과 태도 속에는 말씀이 삶에 새겨져 구체화된 모습이 배어 있었습니다. 예수님의 향기가 자연스레 스며 있는 젊은이임을 느낄 수 있었습니다.

독일 신학자 본회퍼는 이렇게 말했습니다.

"기독교는 종교가 아니라 주님과 대면하는 것이다."

"그리스도를 이해한다는 것은 그분을 진심으로 받아들이는 것이다."

우리 또한 진심으로 그리스도를 받아들였다면, 실수할 자유를 누릴 줄 아는 여유와 그리스도의 향기를 품은 삶을 살아야 함을 묵상해 봅니다.

2021.3.

어느 멋진 날

폐암 말기로 고생하던 친구 목사를 만나기 위해 지난 2월 아내와 함께 포천을 찾았습니다. 건강 이야기와 목회 이야기를 나누며 은혜로운 시간을 가졌습니다. 친구 목사와 사모님의 기도와 헌신 덕분에 그는 수술하지 않고도 건강이 회복되어 가고 있었고, 설교와 목회 활동도 잘 이어가고 있었습니다.

친구 목사님 내외는 포천의 유황 온천이 건강에 좋다고 하여 함께 목욕한 적이 있었습니다. 포천의 정원 호수를 산책하며 맑은 공기를 마시고 은혜로운 시간을 가진 적도 있었습니다. 호수를 걷다 보니 '그대와 함께 한 어느 멋진 날'이라는 문구와 함께 계란 모양 의자가 설치된 사진 촬영 장소가 있었는데, 그곳에서 쉬며 사진을 찍기도 했습니다. 그리고 이동갈비를 함께 먹던 그날, 친구 목사님 부부와 제 아내가 기뻐하는 모습을 보았습니다.

4월은 잔인한 달이라고 합니다. 시인이자 비평가인 T. S. 엘리엇의 시 「황무지」 첫 구절에서 비롯된 말입니다.

"4월은 잔인한 달, 죽은 땅에서 라일락을 키워내고, 추억과 욕정을 뒤섞고, 잠든 뿌리를 봄비로 깨운다." 이 시는 전 세계가 세계대전으로 폐허가 되고 전쟁의 참화를 겪던 처절한 시대에 쓰였습니다.

그러나 2000년 전의 4월은 그 어느 때보다 잔인한 달이었습니다. 하나님의 아들이 십자가에 못 박혀 돌아가시고, 하늘의 해도 어두워지며, 무덤이 터지면서 모든 소망이 끊어진 듯 보였습니다. 제자들 역시 두려움에 사로잡혀 갈릴리로 돌아가려 했습니다. 그러나 사흘 후, 안식 후 첫날 새벽 미명에 막달라 마리아와 다른 마리아가 예수님의 무덤에서 부활하신 주님을 만나게 되었습니다. 그 여인들에게는 일생의 가장 멋진 날이었습니다. 가슴 벅찬 날, 그 놀라운 소식이 예루살렘과 유대와 땅끝까지 퍼져나가면서 절망한 인생들과 죄에 메여 죽을 인생들에게 소망이 생겼습니다.

그것은 가장 멋진 인생, 가장 멋진 날이 되었고, 그 드라마는 오늘도 이어지고 있습니다.

"나는 부활이요 생명이니 나를 믿는 자는 죽어도 살 겠고 무릇 살아서 나를 믿는 자는 영원히 죽지 아니하 리니 이것을 네가 믿느냐?" (요 11:25-26).

2021.4.

라일락 향기 속에서

 교회 입구 작은 화단의 라일락은 4월이 되면 그 향기가 참으로 아름답습니다. 라일락 향기는 한 달 내내 예배하러 오가는 이들의 마음을 향기롭게 합니다. 그러나 올해는 꽃잎이 4월 비바람에 흩날려 잎새만 남고 말았습니다.

 오월이 오면 라일락 향기 속에 떠오르는 기억이 많습니다. 신학교 졸업반 시절, 제 전도로 교회를 나오시던 어머님이 교회 부목사님의 중매 제안을 받아 시내 큰 교회 여전도사로 시무하던 자매와 선을 보게 되었습니다. 사실 제 마음속에는 몰래 좋아하던 친구의 여동생이 있었습니다. 믿음이 없던 그 여동생을 위해 기도하던 중, 어느 날 밤 대구 서현교회 맞은편 인도를 걷는데 그 여동생이 남자 친구와 함께 다정하게 걸어가는 모습을 보게 되었습니다. 그 전에 읽은 책에서

'빌리 그래함' 목사도 목회자가 되기 전, 사귀던 연인을 전도했으나 받아들이지 않아 결국 신앙의 길을 위해 관계를 정리했다는 글을 본 적이 있었습니다. 그날 밤 그 말씀이 떠올라 제 마음속에서도 친구 여동생을 내려놓게 되었습니다. 사실 떠나보낼 것도 없는, 그저 친구의 여동생이었을 뿐이었습니다.

   결국 제가 다니던 교회 부목사님의 중매로 시내 D교회 여전도사와 선을 보고, 한 달 만에 결혼하게 되었습니다. 그 결혼식이 5월 7일이었습니다. 결혼식 때 찬송은 제가 직접 선택해, 579장 "어머니의 넓은 사랑 귀하고도 귀하다, 그 사랑이 언제든지 나를 감싸줍니다…"를 불렀습니다. 장모님은 외동딸이었고, 제 어머님도 네 자녀를 기르시느라 고생이 많으셨습니다. 게다가 결혼 다음 날이 5월 8일 어버이날이라, 그 찬송을 부르니 이쪽저쪽에서 눈물이 흘렀습니다. 어머님과 가족들의 눈가가 붉어진 모습이 사진에 남아 있습니다. 주례하신 목사님도 겸연쩍으셨는지 "내일이 어버이주일이라 이 찬송을 택한 것 같습니다."라고 말씀하시기도 했습니다.

   세월이 흘러, 이제 두 딸들이 자라나 각자의 삶을 살

아가고 있습니다. 지금은 첫째 딸과 사위가 교사로 직장에 다니며 교회 봉사에도 열심을 내고 있습니다. 어린 딸도 낳아 행복하게 가정을 꾸리고 있습니다. 둘째 사위는 용인에서 부목사로 성실하게 목회하고, 둘째 딸도 목사가 되어 기대가 큽니다. 손녀도 예쁘게 자라고 있습니다. 특히 둘째 딸의 생일이 5월 17일입니다.

아내는 자녀들을 위해 애쓰며 고생하지만, 기쁨이 충만합니다. 아내와 함께 식사할 때마다 자녀들을 위해, 교우들을 위해 기도할 때, 하나님의 사랑과 섭리가 크심을 새삼 느낍니다.

라일락 향기 속에서 시작된 우리의 가정이 하나님의 은혜로 지금까지 지켜져 왔음을 고백합니다. 성도 여러분의 가정에도 그 향기가 가득하여, 감사와 기쁨이 흘러넘치기를 기도합니다.

2021.5.

잊지 말아야 할 6월

독일의 유대인 강제수용소 벽에는 이런 글이 남아 있었다고 합니다. "용서하라. 그러나 잊지는 말라."

아픈 역사를 잊지 않는 민족은 위대한 나라가 됩니다. 우리도 1950년 6.25를 잊지 말아야 합니다. 그리고 깊이 생각해야 합니다.

6.25는 남침이었음을 반드시 기억해야 합니다.

1950년 6월 25일 주일 새벽 4시, 북한은 남침을 감행했습니다. 소련제 탱크를 앞세워 38선 전역으로 침공한 것입니다. 총병력 19만 8,380명, T-34 전차 242대, 항공기 200여 대, 해군 함정 약 30척, 대포 2,500문, 120밀리포 56문, 82밀리포 1,503문이라는 강력한 무력으로 무차별 공격을 퍼부었습니다. 불과 3일 만에 서울을 점령했고, 7월 20일에는 대전까지 함락시켰습니다. 그러나 북한은 지금까지도 동족상잔의 비극에 대해 사과하지 않았을 뿐 아니라, 계속 도발을 일삼고 핵무기를 준비하며 전쟁을 획책하고 있습니다.

우리의 피해가 얼마나 컸는지를 잊지 말아야 합니다. 6.25의 피해는 상상을 초월했습니다. 3년 10개월의 전쟁 동안 한국군 피해만 총 62만 1,479명에 달했습니다. 전사자가 13만 7,899명, 부상자가 45만 742명, 실종되거나 포로 된 자가 3만 2,838명이었습니다. 유엔군의 피해도 총 15만 4,881명에 달했습니다.

민간인의 피해 역시 막대했습니다. 사망하거나 학살된 이가 37만 3,000명, 부상자가 22만 9,625명, 납치 또는 행방불명된 자가 38만 7,744명이었습니다. 피난민은 320만 명, 전쟁 미망인이 30만 명, 고아가 10만 명, 이산가족은 1천만 명에 이르렀습니다. 북한 민간인도 약 150만 명이 피해를 당한 것으로 추정됩니다. 또한 학교, 병원, 공장, 도로, 다리, 민가가 수없이 파괴되었고, 2,122곳의 교회가 무너졌으며 535명의 목회자가 학살당했습니다. 그러나 이보다 더 큰 상처는 바로 국민 모두의 가슴에 남은 깊은 정신적 상흔이었습니다. 너무나도 큰 피해였습니다.

그러나 그 모든 절망과 상처 속에서도, 하나님은 여

전히 우리 민족을 붙드시고 지켜주셨습니다. 하나님이 지켜주셨음을 기억해야 합니다.

당시 우리는 전쟁할 힘조차 없었습니다. 병력은 북한과 비교해 2대 1로 열세였고, 게다가 북한을 지원한 소련이 있었기에 유엔 연합군이 참전한다는 것은 상상조차 할 수 없는 일이었습니다. 그런데 기적 같은 일이 일어났습니다. 첫째, 전쟁 발발 하루 만에 유엔 안보리에서 '북한 철수 촉구 결의안'이 채택되었습니다. 둘째, 미국을 포함한 16개국이 참전하고, 중립국 5개국이 의료지원을 했습니다. 셋째, 이렇게 신속하게 유엔 결의가 채택될 수 있었던 것은 바로 그 순간 소련 대표가 회의에 불참했기 때문입니다.

위태로웠던 낙동강 전선은 기도의 힘으로 지켜졌습니다. 300명의 목사님들이 '부산 대신동 초등학교'에 모여 일주일 동안 금식하며 기도했습니다(렘 33:3). 하나님께서 그 기도를 들으시고 쾌청한 날씨를 주셔서, B29 폭격기가 3일 동안 낙동강을 폭격하였고 인민군은 전선을 넘지 못했습니다. 그 후 맥아더 장군이 인천상륙작전을 감행하여 북한군의 허리를 끊었고, 1950년 9월 28일 서울을 탈환하게 되었습니다.

하나님의 은혜였고, 하나님께서 지켜주신 일이었습니다(시 127:1). 그러므로 우리는 모두 하나님의 은혜에 감사하며 잊지 말아야 합니다. 기억하는 신앙이 우리를 지킵니다. 피해를 기억하고, 은혜를 기억하며, 다시는 잊지 않는 것이 하나님께 드리는 감사의 길입니다.

"네 하나님 여호와께서 이 사십 년 동안에 네게 광야 길을 걷게 하신 것을 기억하라"(신 8:2).

2021.6.

내 영혼 평안해

 혹자는 사람을 제대로 알 수 없다고 합니다. 그러나 아는 방법이 있습니다. 함께 대화를 나누다 보면 입에서 나오는 말과 글, 그리고 행동을 통해 그 사람의 중심과 어떤 사상이 자리 잡고 있는지를 알 수 있습니다.

 때로는 좋지 못한 말, 예의 없고 거짓된 말을 들을 때 참으로 불쾌하고 기도가 막히기도 합니다. 말 속에는 그 사람의 속이 드러나고 감정이 배어나옵니다. 문제를 풀어가기보다 자기주장만 하는 이를 만나면 인간의 죄성을 보게 됩니다.

 "입에서 나오는 것들은 마음에서 나오나니 이것이야말로 사람을 더럽게 하느니라" (마 15:18).

 어느 날, 누군가의 가시 돋친 불쾌한 말을 듣고 목양실로 올라와 묵상하던 중, '카톡' 소리가 났습니다. 열어 보니 형님을 볼리비아 선교지로 파송하고 한국에서 기도와 후원을 이어가는 남계영 선교사의 동생, 남계윤 의사가 보내온 영상이었습니다. 영상을 보며 마음의 위로를 받았습니다.

그 내용은 시카코의 탁월한 변호사였고 전도자 D.L 무디의 친구이자 신실한 후원자였던 호레이스 스태포드(H.G. Stafford) 에 관한 것이었습니다.

그는 1871년, 선홍열로 네 살 난 아들을 잃고 몇 달 뒤 시카고 대화재로 전 재산을 잃었습니다. 그러나 시련 가운데서도 무디 교회의 회계 집사로 충성스럽게 섬겼습니다. 1873년 그는 영국에서 열릴 무디의 부흥집회에 참석하고 가족과 함께 유럽 여행을 하고자 했으나 업무로 인해 나중에 뒤따라가기로 하고, 아내와 네 딸을 먼저 배에 태웠습니다. 그러나 당시 11월 22일 대서양을 건너던 여객선이 영국의 철갑선과 정면충돌하여 12분 만에 배가 가라앉고 226명의 사람들이 바다 속으로 사라졌습니다. 네 딸도 그때 바다 속으로 사라진 것입니다.

아내만이 구조되어 "나 혼자 구조됨"이라는 전보를 보내었고 스태포드는 엄청난 충격과 슬픔에 잠기어

영국으로 떠났습니다. 며칠 후, 그가 탄 배가 네 명의 딸이 죽은 곳을 지날 때 그는 처절하고 비통한 마음에 밤새 하나님께 울부짖었습니다.

그때 따스하고 깊은 위로와 평안이 찾아왔습니다. 그는 펜을 들어 그 마음의 평안을 쓰기 시작했습니다.

> ♪ 내 평생에 가는 길 순탄하며 늘 잔잔한 강 같던지
> 큰 풍파로 무섭고 어렵든지 나의 영혼은 늘 편하다
> 내영혼 평안해 내영혼 내영혼 평안해 (찬송가413장)

영상을 보며, 스패포드의 시련 속에 지어진 찬송 「내 평생에 가는 길」을 듣는 동안 주님의 위로가 제 마음과 목양실 안에 가득 임함을 느꼈습니다.

우리가 살아가는 동안 환경과 정치, 경제, 또 사람의 말 때문에 불쾌감이 커질 때가 있습니다. 그러나 그럴수록 하나님을 깊이 묵상하며, 회오리치는 상처의 자리에서도 내 영혼이 평안해지는 주님의 은혜가 임하기를 바랍니다.

"네가 말하기를 나는 그것을 알지 못하였노라 할지

라도 마음을 저울질하시는 이가 어찌 통찰하지 못하시겠으며 네 영혼을 지키시는 이가 어찌 알지 못하시겠느냐 그가 각 사람의 행위대로 보응하시리라" (잠 24:12).

   2021.7.

가야할 길

 총회 모임 참석 차 대전으로 올라가던 길에, 용인에 사는 사위와 딸 집에 잠시 들렀습니다. 좁은 사택에 어린아이와 함께 지내다 보니 집안이 책을 비롯한 여러 살림과 아이의 놀잇감으로 가득했던 것 같습니다. 공간을 넓히고 책장을 옮기려니 일손이 필요해 보이기에 잠깐 시간을 내어 도와주기로 했습니다. 한참 정리하고 불필요한 것들을 버리니 공간이 넓어지고 여유가 생겨 보였습니다. 교회 옆 부목사 사택이 20평 남짓이라 늘 좁아 보이지만, 사위와 딸이 목사 안수를 받고 하나님 나라를 위해 준비하며 사역하는 모습을 보니, 선배 목사로서 짠한 마음도 들었지만 무엇보다 감사할 뿐이었습니다.

 외손녀 라온이를 위해 마트에 들러 과일을 사주었더니 엉덩이를 흔들며 좋아하고 맛있게 먹는 모습이 참 예쁘고 감사했습니다. 저녁에는 사위와 딸, 손녀와 함께 식사를 나누며 목회의 진로와 박사학위 공부 고민을 듣고 제 경험을 나누었습니다. 담임목사 제안이 있었지만 조건이 따랐다는 말에, 저는 공부의 이유가 분명해야 함을 강조하며 아직은 젊으니 경험을 더 쌓는 것이 좋겠다고 조언했습니다.

다음 날, 사위는 출근하고 딸은 저에게 커피 한 잔을 대접하려고 라온이를 데리고 커피점에 갔습니다. 즐겁게 시간을 보내고 차를 타려는데, 라온이는 엄마 차를 타자고 졸랐습니다. 그리고 "대구, 대구"라고 말하는데 어딘가 모르게 마음이 뭉클했습니다. 우리는 추석에 만나자고 약속하며 각자의 차로 헤어졌습니다.

딸이 앞서 달리고 저는 뒤따르다가 용인 어느 사거리에 이르렀습니다. 신호가 바뀌어 저는 멈춰야 했고, 좌회전해 대구로 향해야 했습니다. 반대로 딸의 차는 거침없이 직진해 달려갔습니다. 그 순간 '아, 헤어져야 하는구나!' 하는 생각이 들었습니다.

대구로 내려오면서도, 거침없이 목적지를 향해 운전하던 딸의 모습이 마음에 남았습니다.

결국 우리에게는 각자 가야 할 길이 있음을 깨달았

습니다. 라온이는 미래 세대를 살아갈 인물로 쓰임 받을 것이고, 사위와 딸은 말씀으로 무장하여 자기 몫의 십자가를 지고 거침없이 달려가야 합니다. 나와 아내는 다음 세대를 세우는 길로, 허영과 욕심을 버리고 최선을 다해 달려야 합니다. 언젠가 영원한 나라로 향하는 갈림길에서도, "God bless you!"를 외치며 바울처럼 달려가야 할 것입니다.

가야 할 길이 있습니다. 그 길을 위하여 우리는 거침없이 목적지를 향해 달려가야 합니다.

"나는 선한 싸움을 싸우고 나의 달려갈 길을 마치고 믿음을 지켰으니 이제후로는 나를 위하여 의의 면류관이 예비되었으므로 주 곧 의로우신 재판장이 그 날에 내게 주실 것이며 내게만 아니라 주의 나타나심을 사모하는 모든 자에게도니라" (딤후 4:7-8).
2021.8.

단풍과 성숙함

 무더웠던 더위가 물러갔습니다. 아내의 고향 청송에서 보내온 사과는 그 맛이 일품이었습니다. 멀리 강원도 어머니 댁에 다녀온 변희연 집사가 튼실한 감자 한 박스를 보내주어 감자로 아침 식사를 대신하니 그 또한 은혜였습니다. 포항에 사는 아내의 언니가 농산물을 한 박스 보내왔는데, 들깻잎과 가지, 고추, 상추 등 잘 기른 채소가 가득 담겨 있었습니다. 얼마나 감사한지, 여러 날 동안 상추와 고추, 들깻잎을 곁들여 풍성히 식사할 수 있었습니다. 가을을 맞으며 주어진 은혜였습니다.

 계절은 점점 성숙해져 갑니다. 코로나로 인해 우리 모두가 1년 반이 넘도록 어렵고 힘든 시간을 보내고 있습니다. 불안과 우울이 깊어지고, 형제자매와의 만남도 자유롭지 못합니다. 집에만 머물다 보니 일거리가 줄고 수입이 적어져 사람마다 한숨을 내쉽니다. 그럼에도 불구하고 단풍이 들고 낙엽이 지기 전, 주께서 오곡백과를 풍성히 주시고 우리의 건강을 지켜주심은 하나님의 은혜입니다.

주일마다 한 가지씩 감사를 고백하며 예물을 드립니다. 지난주는 '범사에 감사합니다.'였습니다. 계절은 여전히 익어가고 있습니다. 지금 이 글을 쓰는 8월 24일, 비바람 속에 폭우가 쏟아지고 천둥번개가 사람을 놀라게 합니다. 그러나 '이 또한 지나가리라.' 머지않아 푸른 하늘이 다시 열릴 것이고, 산야는 아름다운 모습으로 우리 앞에 나타날 것입니다.

성숙함이란 몸과 마음이 자라 어른스러워지는 것을 뜻합니다. 우리의 신앙도 성숙해져야 합니다. 스스로 일어설 수 있는 신앙, 외적인 성장뿐 아니라 내적인 성숙이 이루어져야 합니다. 기도의 폭이 넓어지고 말씀의 깊이가 더해져야 합니다. 코로나로 인해 언제까지 '예배 회복, 신앙 회복'이라는 말을 반복하며 출석 여부만 점검하겠습니까? 정말 나의 다메섹이 있었다면, 내 인생에 획을 긋는 회개의 전환점이 있었다면, 각자의 다락방에서 주님과의 만남이 있었다면 이제 우리의 시선은 오직 하나님께 맞추어져 하나님의 영광을 위해 나아가야 할 것입니다.

그 삶 속에 예배의 향기가 전해지고 믿음과 헌신의 향기가 라일락처럼 교회 안팎으로 퍼져 나가리라 믿습니다. 교회 마당의 붉은 단풍나무는 계절의 성숙을 보여주는데, 공원 벤치에서 바라보는 단풍나무 사이 쉼터교회는 과연 얼마나 성숙해져 있을까요?

2021.9.

시월 십일

보통 생일날에는 서로 축하하고 감사하기도 하지만, 그 생일이 우리의 삶을 변화시키지는 못합니다. 또한 영원을 향한 길을 제시하지도 못합니다. 그러나 제게는 특별한 생일이 있습니다. 바로 10월 10일, 제가 처음 교회를 찾아 하나님 앞에 돌아온 날입니다.

그때 저는 인생의 목적도, 미래의 확신도 없이 그저 회전목마처럼 돌고 도는 삶을 살고 있었습니다. 호흡이 멈추는 날, 불행하게 끝날 인생이었습니다. 그런데 스무 살 되던 시월 십일, 저는 인생의 목적이 무엇인지 어디를 향해 살아야 하는지를 발견했습니다. 그날이 제 인생의 네비게이션을 찾은 날이었습니다.

당시 저는 중학교 때부터 앓아온 축농증으로 심한 고생을 하고 있었습니다. 머리가 무겁고 코가 목으로 넘어가 늘 괴로웠습니다. 처음 교회에 나간 다음날부터 새벽기도에 참여하기 시작했는데, 설교가 끝나면 추운 마룻바닥에 엎드려 한 시간 넘게 기도했습니다.

죄인이라는 사실만 느껴지고 깊은 영적 갈급함 속에 하나님만 생각했습니다. 그러던 어느 날, 그 심하던 축농증이 한쪽 코가 뻥 뚫리며 시원해졌습니다. 또 한 주가 지나니 다른 쪽도 뚫리며 편안해졌습니다. 웬일인지 알 수 없었으나 저는 하나님이 치유해주셨다고 믿게 되었습니다. 은혜였습니다.

그로부터 일 년이 지난 어느 날, 하나님은 또 다른 경험을 하게 하셨습니다. 나는 대구 남문시장 아래 '77 독서실'에서 공부하고 있었습니다. 주인이 독서실에서 자며 공부하는 나에게 실장을 맡기고, 학생들을 관리하며 연탄불을 갈아주고 식사 대접을 받으며 공부하게 했습니다. 어느 날 밤, 동네에서 무당이 굿하는 소리가 시끄럽게 들려왔습니다. 북소리와 징소리가 창문 너머로 들려왔습니다. 교회에 다니던 고3 학생이 "형님, 오늘 밤 무당 굿하는 데 가 봅시다. 희한한 일이 일어날 겁니다"라고 했습니다.

밤이 깊어 북소리가 나는 곳으로 가 보니 동네 사람들이 많이 모여 있었고 무당은 고깔을 쓰고 붉고 푸른

옷을 입은 채 양손에 시퍼런 칼을 들고 춤을 추고 있었습니다. 옆에서는 장구와 징을 치고 중앙에는 한 여인이 밧줄에 묶인 채 누워 있었습니다. 무당은 그 여인에게 칼을 머리와 가슴, 배에 갖다 대었다 떼었다 하며 괴성을 지르다가 칼을 날카롭게 던졌는데 관중 앞에 꼿꼿이 꽂혔습니다.

그때 고3 학생과 나는 구경꾼 틈에 서 있었습니다. 무당은 다시 칼을 들고 춤을 추며 소리를 지르더니 분위기는 절정에 달했습니다. 그러나 갑자기 무당의 힘이 빠져나가는 듯하더니 날선 칼을 휘두르다 떨어뜨렸습니다. 그리고 신경질적으로 말했습니다.

"에이씨, 지금 여기 예수쟁이가 있다. 오늘은 굿이 안 된다." 그러고는 씩씩거리며 그날 굿을 접어 버렸습니다.

그 무당은 단순히 배워 흉내 내는 자도 아니었고, 세습된 무당도 아니었습니다. 산속에서 귀신의 영을 받은 강신무였습니다. 그러나 진리를 알지 못하고 인생을 속이며 사람을 멸망으로 이끄는 불행한 가짜였습니다. 반면에 그 자리에 함께 있던 고3 학생과 나는 진짜였습니다. 주의 영이 함께하는 자들이 그 자리에 서 있었기에 무당이 떨며 굿을 접을 수밖에 없었던 것입니다.

참된 그리스도인은 진리에 속한 자입니다. 인생의 목적을 분명히 아는 사람은 헛된 속임수나 거짓과 타협할 수 없습니다. 10월 10일, 그 날은 나의 영적 생일입니다. 삶이 변화되고 진리에 속한 날, 거짓을 버리고 바른 길, 진리의 길을 따르게 된 날입니다. 이번 10월 10일은 다시 한 번 깊은 감사 속에 지난날을 돌이켜보며 더 깊은 기도의 시간을 가져야겠습니다.

2021.10.

그리 아니하실지라도

　주전 605년경, 앗수르 대제국이 쇠퇴하고 신흥 바벨론 제국이 등장하면서 바벨론은 앗수르를 멸망시키고 신(新) 바벨론 제국의 시대를 열었습니다. 이때 유다는 세 차례의 바벨론 침공으로 결국 멸망했는데(주전 586년), 1차 침공 때 바벨론에 끌려간 소년들이 다니엘과 세 친구였습니다.

　이 소년들(15-18세)은 하나님을 경외하며 총명하고 지혜로운 젊은이들이었습니다. 다니엘과 세 친구가 바벨론의 느부갓네살 왕 앞에 섰을 때, 그들은 바벨론의 모든 지혜자들, 마술사들, 박사들보다 열 배나 뛰어난 자들임을 인정받았습니다. 특별히 느부갓네살의 꿈을 다니엘이 해석하자 왕은 크게 감탄하며 다니엘을 모든 지혜자의 어른, 곧 총리로 세웠고, 세 친구들도 지방을 다스리는 자리에 세워 세계 역사의 중심에 서게 되었습니다.

그러나 세상에는 언제나 악이 숨어 있습니다. 다른 이가 잘 되는 것을 시기하고 질투하며 남의 자리를 빼앗으려는 간악한 자들이 있습니다. 이방 유대의 젊은 이들이 바벨론의 높은 자리에 선 것을 못마땅하게 여긴 이들이 참소하기 시작했습니다. 마침내 느부갓네살은 금 신상을 세우고, 절하지 않는 자는 맹렬히 타는 풀무불에 던져 넣으라는 명을 내렸습니다.

참소자들의 고발로 사드락, 메삭, 아벳느고가 왕 앞에 끌려 나왔습니다. 위엄을 갖춘 대신들이 모인 가운데 천하대왕 느부갓네살은 신적 존재처럼 엄한 말로 심문했습니다.

"너희가 내 신을 섬기지 않고 내가 세운 금 신상에게 절하지 않았다 하니 사실이냐? 지금이라도 나팔과 피리와 거문고와 풍수 등 갖가지 악기 소리가 날 때, 내가 만든 신상에 엎드려 절하면 살 것이다. 그러나 그렇지 않으면 즉시 불타는 풀무불에 던져 넣을 것이다. 어느 신이 너희를 내 손에서 구해낼 수 있겠느냐?"

그 엄하고 떨리는 순간에 세 젊은이가 대답한 말은 놀라운 것이었습니다.

"느부갓네살 왕이여, 우리가 이 일에 대하여 왕에게

대답할 필요가 없나이다. 우리가 섬기는 하나님이 계시다면 우리를 맹렬히 타는 풀무불 가운데서 능히 건져내시겠고, 왕의 손에서도 건져내시리이다. 그렇게 아니하실지라도, 왕이여, 우리가 왕의 신들을 섬기지 아니하고, 왕이 세우신 금 신상에게 절하지도 아니할 줄을 아옵소서."

문무백관이 지켜보는 앞에서, 그들은 단호하고도 간단명료한 신앙 고백을 했습니다.

오늘 우리는 주변의 불법과 부정, 부패를 바라보며 다시 생각해 보아야 합니다. 신앙의 유혹, 물질의 유혹, 사람의 유혹, 천하만국을 줄 것처럼 보여주며 단 한 번만 절하라고 유혹하는 사탄의 소리가 여전히 있습니다. 코로나로 인해 그렇게 뜨겁고 열심이던 신앙은 어디로 갔습니까? 사자굴에 던져질 위기 앞에서도 동쪽 창문을 열고 하루 세 번씩 기도하던 다니엘, 그리고 "그리 아니하실지라도" 절하지 않던 세 젊은이처럼, 비진리와 타협하지 않고 "사탄아 물러가라" 외치며 단호히 서는 용기가 필요한 때입니다.

2021.11.

하나님의 나팔소리

 작년 송구영신 예배를 드리며 바쁘게 살아온 한 해를 돌아보았습니다. 마지막 한 장 달력을 넘기고 나니 위축된 삶과 열심히 살지 못한 생활로 인해 회개하는 마음만 더했습니다. 교회 공원 앞 빵집에서는 커피 향기와 함께 성탄 분위기가 흘러나오지만 사람들의 마음은 긴장과 바쁨으로 가득 차 있고, 부족한 무엇인가를 향해 열심히 달려가는 모습 속에서 성탄의 종소리가 그리워졌습니다. 교회 종소리가 사라지고 차임벨 소리도 들리지 않으니 우리의 마음이 점점 강퍅해져 가는 것 같아 쓸쓸함이 더해집니다.

 아내는 어린 시절 장티푸스로 생명의 위협을 겪었다고 합니다. 특히 장모님은 위로 아들 넷을 먼저 하늘나라에 보내신 터라, 마음의 슬픔과 서러움이 컸을 것입니다. 그런 중에 청송 도동교회 최봉기 목사님이 40

일 동안 매일 심방하며 기도해 주셨는데 마지막 날인 부활절 아침에 주님을 만나 치유의 은혜를 받게 되었다고 합니다. 이후 미신에 젖어 있던 장모님도 함께 교회를 나가게 되었고, 아내는 은혜에 감사하여 초등학교 때부터 도동교회의 종을 치기 시작했습니다. 어린 소녀가 여린 손으로 밧줄을 꼭 움켜쥐고 온 힘을 다해 종을 치던 모습이 눈에 그려집니다. 종소리는 골짜기를 넘어 산등성이에까지 울려 퍼져 성도들이 새벽같이 교회로 모여 예배드렸을 것입니다. 참으로 아름다운 장면이 아닐 수 없습니다.

이제 올해도 달력 한 장만을 남겨두었습니다. 교회 옆 공원과 도로에는 낙엽이 수북이 쌓이고 찬바람에 흩날립니다. 매일 아침 교회 4층 창문을 열고 공원을 바라보며 사계절이 바뀌어 가는 모습을 통해 하나님의 말씀을 들었습니다. 이맘때면 한 해를 마무리하며, 12월 31일 밤 11시 30분에 우리 교회는 송구영신 예배로 모였습니다. 하나님의 은혜에 감사하며 하나님의 뜻에서 벗어난 일들을 회개하고, 새해를 기대하며 카운트다운을 시작합니다. 10, 9, 8, 7… 2, 1 마지막 숫자와 함께 강단에 마련된 교회 종을 힘차게 세 번 울립니다. 그리고 외칩니다.

"새해가 시작되었습니다!"

찬송을 부릅니다.

"시온의 영광이 빛나는 아침, 메였던 종들이 돌아오네…" 이 종소리는 새해를 여는 은혜의 시작을 알리는 종소리입니다.

그러나 우리가 기다리는 것은 성탄의 종소리도, 송구영신의 종소리도 아닙니다. 이제 우리가 기다리는 것은 하나님의 나팔소리입니다. 천지를 진동하는 그 소리가, 하나님의 카이로스(καιρός)의 때에 울려 퍼질 것입니다. 우리는 그것을 기대하며 기도하고 기다립니다. 스피노자의 말처럼, "내일이 종말이라 할지라도 나는 한 그루의 사과나무를 심으리라." 작은 일에도 충성하는 자에게 그 카이로스는 반드시 주어질 것입니다.

아쉬운 한 해를 보내며 새해를 기대합니다. 말씀이 육신이 되어 오셔서 성탄의 종소리를 들려주신 주님, 오순절 사건 이후 교회를 통해 날마다 복음의 종소리를 울리게 하셨습니다. 이제 교회 시대가 마무리되는 하나님의 때가 되면, 마지막 하나님의 나팔소리가 온

우주에 울려 퍼질 것입니다.

"하나님의 나팔소리 천지 진동할 때에, 예수 영광 중에 구름 타시고…"

사랑하는 여러분, 복된 성탄절이 되시고 새해의 기쁨이 임하시기를 축복합니다.

2021.12.

2022년

1월   시간의 소중함

2월   웰빙·웰다잉·웰에이징을 넘어서

3월   선택의 기로에서

4월   십자가의 도 (**十字架의 道**)

5월   입술의 열매와 가정의 복

6월   남은 자의 기도

7월   다른 세대가 아닌 다음 세대로

8월   시기와 질투

9월   친절과 배려

10월   어느 목사의 추억, 건강하시게

11월   감사의 눈을 열어주소서

12월   은종 (Silver Bell)

시간의 소중함

하나님은 시간의 순환(循環) 속에 또 한 번 1년의 귀중한 시간을 허락하셨습니다. 2021년 12월 기준, 세계 인구 79억 1,243만 명 모두가 똑같이 365일, 8,760시간, 31,536,000초의 시간을 선물로 받았습니다. 이 귀한 금싸라기 같은 시간을 우리는 때로는 잊어버리기도 하고, 게을러 잘못 쓰기도 합니다.

성경 에베소서 5장 16절은 "세월을 아끼라 때가 악하니라"고 말씀합니다. 공동번역 성경에서는 "여러분에게 주어진 기회를 잘 살리십시오"라고 번역했습니다.

즉, 세월을 아끼고, 기회를 살리고, 시간을 건져 올리며 살아야 한다는 말씀입니다. 새해를 맞이하며 시간의 소중함에 대해 다시 한 번 마음을 새롭게 하고, 한 해의 계획을 세워봅시다.

2022.1.

1년의 소중함을 알고 싶으면,
입학시험에 떨어진 학생에게 물어보십시오.
1년이라는 시간이 얼마나 짧은지 알게 될 것입니다.

한 달의 소중함을 알고 싶으면,
미숙아를 낳은 산모에게 물어보십시오.
한 달이 얼마나 힘든 시간인지 알게 될 것입니다.

한 주의 소중함을 알고 싶으면,
주간 잡지 편집장에게 물어보십시오.
한 주가 얼마나 쉼 없이 돌아가는지 알게 될 것입니다.

하루의 소중함을 알고 싶으면,
아이가 딸린 일용직 근로자에게 물어보십시오.
하루가 얼마나 귀한지 알게 될 것입니다.

한 시간의 소중함을 알고 싶으면,
약속 장소에서 애인을 기다리는 사람에게 물어보십시오.
한 시간이 얼마나 긴지 알게 될 것입니다.

익명 / 출처 미상

웰빙·웰다잉·웰에이징을 넘어서

 '힐링(Healing)'이라는 단어는 치유, 치료, 쉼, 회복을 뜻하며 이제는 우리 속에 깊이 자리 잡고 있습니다.
 그것은 몸이 쉬고, 마음도 회복되고 치유되기를 바라는 간절한 마음 때문일 것입니다. 사실 우리는 너무나 피곤하게 살아갑니다. 경쟁사회에서 내가 이겨야 하고, 생존을 위해 쉬지 않고 일해야 하며, 코로나로 인해 영육 간에 지쳐 있습니다. 새해를 맞이했지만 여전히 무언가를 이겨내야 하는 삶이 계속되고, 피곤은 쌓여갑니다.

 목회자에게는 월요일이나 화요일에 아는 분과 식사를 하거나 차 한 잔을 나누는 것만으로도 마음의 힐링이 됩니다. 친구 목사님들이나 지인들을 만나 마음껏 웃고 나면 하루의 피로가 그야말로 사라집니다. 얼마 전 한 친구 목사님이 새 아파트로 이사를 하여 몇몇을 초청했는데, 사모님이 배추전에 여러 반찬을 준비해 주셔서 맛있는 비빔밥을 함께 나누며 박장대소했습니다. 때마침 포천에서 목회하는 친구 목사님이 대구에 볼일이 있어 내려오다가 그 집으로 찾아왔는데, 유명한 포천 갈비를 사가지고 와서 모두가 기뻐하며 은혜로운 시간을 가졌습니다.

요즘 가장 많이 쓰는 말은 웰빙(Well-being)입니다. 사람이 사람답게 사는 것을 의미합니다. 그런데 잘 사는 것만큼 중요한 것이 '잘 죽는 것'입니다. 그래서 '웰다잉(Well-dying)'이라는 개념이 생겼습니다. 그리고 최근에는 또 하나의 개념이 덧붙여졌습니다. 잘 살고, 잘 죽는 것도 중요하지만, 사람이 사람답게 늙는 것, 바로 '웰에이징(Well-aging)'입니다.

오늘 오후, 우리 교회 집사님 한 분이 사무실에 있는 나를 보고 "목사님, 잠깐만요" 하시며 웰빙 물을 여러 병 주고 가셨습니다. 자연드림 Deep Water, '나와 지구를 위한 참 좋은 선택! 내 몸에 필요한 미네랄을 채우세요'라는 문구가 붙은 물이었습니다.

그러나 성경을 통해 보면 진정한 힐링은 오직 하나

님의 말씀 안에서 찾을 수 있습니다.

태초에 천지를 창조하시고 우리를 하나님의 형상대로 지으신 그분과의 만남이 있을 때, 우리는 몸도 마음도 참된 힐링을 누릴 수 있습니다. 인생은 주님을 영접하고 그리스도의 십자가를 바라보고 살아갈 때 잘 살게 됩니다(Well-being). 또한 은혜 안에서 우리는 사람답게 잘 늙어갈 수 있습니다(Well-aging). 그리고 마침내 우리를 위해 죽으시고 부활하신 주님의 은혜로 말미암아, 잘 죽을 수 있습니다(Well-dying).

"수고하고 무거운 짐 진 자들아 다 내게로 오라 내가 너희를 쉬게 하리라" (마 11:28).

"나는 부활이요 생명이니 나를 믿는 자는 죽어도 살겠고, 무릇 살아서 나를 믿는 자는 영원히 죽지 아니하리니 이것을 네가 믿느냐" (요 11:25-26).

2022.2.

선택의 기로에서

 우리는 늘 선택의 기로에 서 있습니다. 오늘 내가 만날 사람, 내가 내려야 할 결정이 무엇인지, 그리고 그 결정이 올바른 것인지 늘 고민하게 됩니다. 건축을 하는 사람은 마지막 결정을 내릴 때 모든 것을 점검하고 서명합니다. 그 순간부터는 일이 진행되고 책임은 서로에게 주어집니다. 결혼도 마찬가지입니다. 일생을 함께할 사람을 선택할 때, 많은 고민과 기도 끝에 결정을 내리면 그 뒤에는 약속과 책임이 따르게 됩니다.

 미국의 아이젠하워 대통령은 막 후임자가 된 케네디에게 이런 말을 했습니다.
 "당신의 임무는 결단하는 것입니다."
 그렇습니다. 지도자뿐 아니라 우리 각자의 삶도 중요한 시점에서 어떻게 선택하고 결단하느냐에 따라 개인과 공동체, 더 나아가 나라의 흥망성쇠가 달라집니다. 성경을 보면 모세의 뒤를 이어 이스라엘을 가나안 땅으로 인도한 여호수아는 타락해가는 백성을 보며 이렇게 고백했습니다.

"너희 섬길 자를 오늘 택하라. 오직 나와 내 집은 여호와를 섬기겠노라."

그는 주저하지 않고 담대하게 자기의 선택을 고백했습니다.

성경속에 바른 선택을 한 사람 중에 대표적으로 '아브라함'이 있습니다. 그는 올바른 선택과 순종으로 믿음의 조상이 되었고 복을 받았습니다. '다윗' 또한 하나님께 순종하고 기도하는 삶을 살았기에 통일왕국의 왕이 되었습니다.

그러나 잘못된 선택으로 자신과 가정, 민족을 멸망의 길로 이끈 사례도 있습니다. 아담은 잘못된 선택으로 에덴동산을 잃었고, 에서는 장자권을 경홀히 여겼으며, 가인은 하나님께 순종하지 않고 동생을 죽임으로써 바벨문화의 기초를 놓게 되었습니다.

이제 제20대 대통령 선거가 눈앞에 다가왔습니다.

나라를 생각하며 기도할 때 마음이 절박합니다. 위

기의 때임을 실감합니다. 지난 정권 5년 동안 '적폐청산'이라는 이름 아래 인권은 심각하게 훼손되었고, 국영방송과 일부 어용 언론은 자유민주주의 대한민국에 큰 상처를 주었습니다. 사법부마저 기울어진 운동장이 되어 국민의 신뢰를 잃었습니다.

통일부가 제작한 2022년 탁상 달력에는 김일성·김정일 생일과 북한 정권 수립일, 조선인민군 창건일이 표기돼 큰 논란이 되었습니다. 통일부(당시 장관 이인영, 주사파 출신) 안에 친북 성향의 세력이 한국 정치의 중심까지 들어와 있는 현실을 보게 됩니다.

이석기는 2004년부터 혁명조직 RO를 결성해 비밀 모임을 가져왔고, 통진당을 만들고 국회의원까지 되었습니다. 이석기의 RO는 북한이 남침할 경우 경찰서를 습격하고 통신시설 등 국가 기간시설을 파괴할 것을 지지자들에게 전달하다가 발각되었습니다. 그는 2014년 2월 대법원에서 내란 선동으로 9년형을 선고받고 복역하다가 작년 말 가석방되었습니다.

더욱 심각한 것은 민주노총입니다. 북한이 남조선을 공산화하기 위해 지방별로 조직한 3개 연합 중 하나인 '동부연합'의 책임자가 바로 이석기였습니다. 국회의원 시절 그는 비서만 네 명을 두고 정부 예산 연

100억을 지원받으며 활동하다가 드러났습니다. 그 후임으로 세워진 인물이 양경수인데, 현재 민주노총 위원장으로 있으면서 최근 "민주노총은 이재명을 지지한다"고 선언했습니다. 참으로 충격적이고 어처구니없는 일입니다.

그렇다면, 우리 그리스도인이 판단하고 선택해야 할 기준은 무엇일까요?

먼저, 성경이 말하는 지도자는 영성과 도덕성이 있어야 합니다. 하나님을 믿지 않는 분들에게는 영성을 기대 할 수 없지만 하나님을 두려워하는 자여야 합니다. 그리고 불의한 뇌물을 받지 않는 자, 도덕성을 보아야 합니다. 아침의 말과 저녁의 말이 다르고 오늘의 공약과 내일의 공약이 다른 사람은 절대로 신뢰할 수 없습니다. 양심이 마비되고 상식이 통하지 않는 자는 신뢰할 수 없습니다. 공의가 서는 나라를 만들고, 종교의 자유와 예배를 방해하지 않는 지도자여야 합니다.

특히 포괄적 차별금지법을 지지하는 자는 제외해야 합니다.

둘째, 잊지 말아야 할 것은 국부론을 중심으로 자유민주주의, 시장경제, 인권, 법치를 가장 중요시 여기는

지도자를 선택해야 합니다.

셋째, 한미동맹을 굳건히 하고 통일시대를 대비하고 나아가야 합니다.

이번 선거는 매우 중요합니다. 지금은 우리가 더욱 기도해야 할 때입니다. 기도 가운데 하나님의 뜻을 구하며, 자유대한민국의 미래를 열어가는 올바른 선택을 해야 하겠습니다.

2022.3.

십자가의 도 (十字架의 道)

오늘 한 목사님이 저에게 중매를 부탁했습니다.
부탁을 받은 분이 묻습니다.
"키는 얼마입니까? 얼굴은 어떻습니까?
집안은 괜찮습니까?"
아들, 딸의 결혼은 얼마나 중요한 일입니까. 그래서 부모는 잘 살피고 알아볼 수밖에 없습니다. 그러나 진정한 중심과 기준은 어디에 두어야 할까요?

유기성 목사님의 책『나는 죽고 예수로 사는 사람들』을 읽어보았습니다. 어느 날 교회에 부목사 한 분을 충원할 상황이라 하나님께 기도했다고 합니다.
"사역도 잘하고, 설교도 잘하고, 신실하고, 인물도 좋은 목사님을 보내주십시오." 하고 간절히 기도하는데, 마음속에 갑자기 이런 음성이 들려왔다고 합니다.
"너마저도 그렇게 기도하면 어떻게 하느냐?"

가슴이 철렁 내려앉았습니다. 모두가 신실하고 실력 있고 인물 좋은 사람만 찾는다면, 그렇지 못한 사람은 어디로 가야 하느냐는 뜻 같았습니다. 그러다 결국 이렇게 기도하게 되었다고 합니다.

　"하나님, 조건을 달지 않겠습니다. 하나님이 보내실 사람을 보내주십시오. 어떤 분을 보내주시든지 훌륭한 주의 종이 되도록 잘 섬기겠습니다. 다만 한 가지, 예수님 한 분이면 충분한 사람, 예수님 안에서 죽고 예수님의 생명으로 사는 것이 분명한 사람을 보내주십시오."

　4월은 고난주간이 있고, 부활절이 있습니다. 복음서중 마가복음은 예수님의 생애 중 절반 이상이 일주일간의 사건으로 기록되어 있습니다. 특별히 고난주간은 예수님이 십자가에 못박혀 죽으신, 인류 역사에 큰 획을 그은 날이기도 합니다. 오늘 우리는 자신을 돌아보며 십자가를 생각하기를 원합니다. 고린도전서 1장 18절은 이렇게 말씀합니다.

　"십자가의 도가 멸망하는 자들에게는 미련한 것이요, 구원을 받는 우리에게는 하나님의 능력이라"

　십자가는 기독교 신앙의 핵심이며, 신앙의 절정입

니다. 오늘 우리에게 참으로 필요한 것은 바로 십자가의 신앙입니다. 십자가를 붙든 일꾼, 십자가의 정신으로 살아가는 사위와 며느리가 필요합니다.

  2022.4.

입술의 열매와 가정의 복

이 세상에서 가장 풀기 어려운 신비가 있습니다. 그것은 주후 70년, 로마의 티투스 장군에 의해 나라를 빼앗겼다가 1948년 5월 10일 독립한 이스라엘의 신비입니다. 나라도 없이 방황하던 그들이 다시 강대국을 세운 비밀에 대해 기자가 유대인에게 물었습니다.

"강대국 바벨론도 사라졌고, 유럽을 덮었던 사라센 제국도 없어졌으며, 그토록 이스라엘을 괴롭혔던 블레셋도 흔적 없이 사라졌습니다. 그런데 이스라엘은 2000년 동안 건재합니다. 그 비결이 무엇입니까?"

이스라엘 백성은 간단히 대답했습니다.

"하나님의 도움입니다."

"좀 더 구체적으로 말해 주십시오."라는 질문에 그들은 이렇게 덧붙였습니다.

"회당과 가정입니다."

회당과 가정을 연결하는 고리가 바로 안식일입니다.

유대인의 혈관 속에는 안식일 DNA가 흐르고 있습니다. 나라가 완전히 파괴되었을 때도 유대인들은 이렇게 기도했습니다.

"하나님, 모든 것이 무너졌으나 가정이 남아 있으니 감사합니다."

<테레사 수녀>가 노벨 평화상을 받던 날, 신문기자들이 물었습니다.

"세계 평화를 위해 가장 긴급한 일은 무엇입니까?"

그녀는 미소를 지으며 대답했습니다.

"기자 선생님들, 저를 따라다니지 마시고 빨리 집으로 돌아가 가족을 사랑하십시오. 그것이 가장 시급한 일입니다."

행복한 가정을 위해서는 사람을 살리는 언어를 써야 합니다. 왜냐하면 말은 곧 그 사람의 인격을 드러내기 때문입니다. 앞의 이야기는 혀를 어떻게 사용해야 하는지 깊은 교훈을 줍니다.

"말 한마디에 천 냥 빚을 갚는다."

"아 다르고 어 다르다."

"발 없는 말이 천 리 간다."

"말을 잘하면 자다가도 떡이 생긴다."

"낮말은 새가 듣고 밤말은 쥐가 듣는다."

성경도 이렇게 말합니다.

"우리가 다 실수가 많으니 만일 말에 실수가 없는 자라면 곧 온전한 사람이라 능히 온 몸도 굴레 씌우리라"(약 3:2).

진정한 영성과 경건은 입술의 열매로 나타납니다.

또한 성경은 이렇게 증언합니다.

"사람은 입에서 나오는 열매로 말미암아 배부르게 되나니 곧 그의 입술에서 나는 것으로 만족하게 되느니라 죽고 사는 것이 혀의 힘에 달렸나니 혀를 쓰기 좋아하는 자는 그 열매를 먹으리라" (잠 18:20-21).

말에는 힘이 있습니다. 창세기 1장 1절의 "태초에 하나님이 천지를 창조하시니라"는 말씀은 창조의 능력이 말 속에 있음을 보여줍니다.

그러므로 우리는 부정적인 언어를 버리고, 긍정과 축복의 언어를 사용해야 합니다. 자기 자신을 칭찬하고, 꿈을 품고 살아가며, 배우자와 자녀에게 축복의 말을 부단히 전해야 합니다.

조선 시대 한 백정의 이야기가 있습니다. 두 양반이

고기를 사러 왔습니다.

첫 번째 양반은 "어이, 백정! 고기 한 근만 줘."라 했습니다. 둘째 양반은 "이보게, 박 서방! 고기 한 근만 주게."라고 했습니다.

백정은 두 사람에게 고기를 잘라 주었는데, 첫 번째 양반이 받은 고기가 적었습니다. 화가 난 첫째 양반이 항의하자 백정은 이렇게 대답했습니다.

"저 고기는 백정이 자른 것이고, 이 고기는 박 서방이 자른 것입니다."

말 한마디가 얼마나 큰 차이를 만드는지 보여주는 일화입니다.

성경은 말합니다.

"선한 말은 꿀송이 같아서 마음에 달고 뼈에 양약이 되느니라"(잠 16:24).

"악을 행하는 자는 사악한 입술이 하는 말을 잘 듣고, 거짓말을 하는 자는 악한 혀에 귀를 기울이느니라"(잠 17:4).

2022.5.

남은 자의 기도

   동서울종합터미널에서 동대구역 복합환승센터까지는 약 3시간 30분이 걸립니다. 마라톤 경주의 거리는 42.195km인데, 완주 시간이 2시간대입니다. 우리가 건강을 위해 1시간 부지런히 걸으면, 사람에 따라 8,000보에서 10,000보 정도를 걷게 됩니다. 성도들이 바쁜 가운데서도 새벽기도를 드릴 때, 찬양·말씀·개인기도로 1시간을 보내면 아침 시간이 금세 바빠집니다.

   코로나가 지나간 5월 첫 주, 우리 교회는 김록이 목사님을 초청해 부흥성회를 열었습니다. 그동안 갇혀 지내며 영적으로 갈급했던 성도들이 많이 모여 찬양하고 말씀을 들으며 목소리 높여 기도했습니다.
   집회 첫날, 김 목사님을 돕는 사역팀과 중보기도팀이 집회 시작 세 시간 전에 와서 본당에서 3시간 동안 계속 기도하는 모습을 보았습니다. 그 열정은 참으로 대단했습니다. 집회가 끝나고 강사님이 "집회 마지막 날 저녁부터 21일간, 하루 세 시간씩 기도합시다."라고 제안하셨습니다. 이에 원하는 이들이 모여 간절히 기도하기 시작했는데, 약 30여 명이 매일 기도를 사모하며 함께했습니다.

감사한 것은, 우리 주변에 여전히 말씀을 사모하고 기도하기를 간절히 원하는 사람들이 많다는 사실을 알게 되었다는 점입니다.

구약 성경에는 이세벨이 여호와의 선지자들을 죽일 때의 이야기가 나옵니다. 엘리야는 거짓 선지자들과의 영적 싸움에서 승리했으나, 이세벨이 독기를 품고 그를 죽이려 하자 하나님의 산 호렙으로 도망쳤습니다. 굴 속에서 그는 낙심하며 이렇게 고백했습니다.

"내가 만군의 하나님 여호와께 열심이 유별하오니, 이는 이스라엘 자손이 주의 언약을 버리고 주의 제단을 헐며 칼로 주의 선지자들을 죽였음이오며, 오직 나만 남았거늘 그들이 내 생명을 찾아 빼앗으려 하나이다" (왕상 19:10).

그러나 하나님께서는 세미한 음성으로 분명히 말씀하셨습니다.

"그러나 내가 이스라엘 가운데에 칠천 명을 남기리니 다 바알에게 무릎을 꿇지 아니하고 다 바알에게 입 맞추지 아니한 자니라" (왕상 19:18).

2022.6.

다른 세대가 아닌 다음 세대로

여름철이 되었습니다. 7월이면 여름성경학교와 학생들의 수련회가 시작됩니다.

코로나로 인해 2년 동안 제대로 수련회를 하지 못했던 청년부들이 이번에는 은혜받는 기회를 맞이했으면 합니다. 많은 이들의 간증 속에는 학창 시절 수련회에서 말씀을 듣고 간절히 기도하다가 은혜받은 경험이 담겨 있습니다. 방언이 터지고, 학생들이 변하기 시작하며 교회와 신앙생활에 열심을 내고, 공부도 힘써 삶의 목적이 분명해진 이들을 보았습니다.

제가 교육 전도사 시절, 중고등부 학생들을 데리고 수련회를 가면 저녁 시간 캠프파이어를 통해 아이들이 닫혔던 마음을 열고 하나 되는 모습을 보았습니다. 그리고 별이 빛나는 밤, 강가와 운동장에서 합심으로 기도하는 시간에 성령이 임하시고 기도의 문이 열리며 은혜가 쏟아져 학생들의 삶이 변했습니다. 지금은 목사로, 또 아프리카 선교사로 헌신하는 제자들이 생겨났습니다. 가끔 연락을 주고받으며 그 시절을 그리워하는 목소리를 들을 때마다 하나님의 은혜가 크심을 고백합니다.

성경은 우리에게 경고합니다. 가인이 동생 아벨을 죽인 후 하나님을 떠나 자기 힘을 의지하며 인본주의 삶을 살 때, 우상숭배와 바벨 문화가 뿌리내렸습니다.
그 끝은 소돔과 고모라 같은 타락의 도시였습니다.
이후 하나님은 갈대아 우르에 거하던 아브라함을 불러내어 믿음의 조상을 삼고 젖과 꿀이 흐르는 땅을 허락하며 아브라함을 통하여 하나님의 나라(Kingdom of God)를 이루고자 하셨습니다. 또 모세를 보내 이집트의 종살이하던 이스라엘 백성을 출애굽시키셨습니다. 계명과 율법을 주시며, 하나님의 백성으로 살아가며 세상을 변화시키는 주역이 되도록 훈련하셨습니다.
그러나 모세의 뒤를 이은 여호수아가 죽자, 그 백성은 가나안 족속과 혼인하며 우상숭배자가 되었고 하나님을 떠나기 시작했습니다. 사사기 2장 10절은 이렇게 증언합니다.

"그 후에 일어난 다른 세대는 여호와를 알지 못하며 여호와께서 이스라엘을 위하여 행하신 일도 알지 못하였더라"

여호와를 알지 못하는 다른 세대가 일어나는 것이 큰 문제였습니다. 그들은 조상의 하나님을 버리고 바알과 아스다롯을 섬겼습니다(삿 2:12-13). 그 결과, 타락과 종교 혼합주의가 일어났습니다.

오늘날도 마찬가지입니다. 인본주의, 사회주의, 물질주의, 동성애, 그리고 차별금지법이라는 이름으로 포장된 역차별이 우리 앞에 버젓이 펼쳐지고 있습니다. 이것은 하나님을 떠난 결과입니다.

이번 여름철은 반드시 은혜를 받아야 합니다. 말씀 공부가 회복되어야 합니다. 다른 세대를 물리치고 다음 세대가 일어나야 합니다. 비전을 가진 인물들이 세워져야 합니다. 교회는 기도해야 하고, 부모는 열심을 품고 기도의 자리를 지켜 함께 울어야 합니다. 그리고 모두가 하나님께로 돌아와야 합니다.

"주여, 우리의 학생들과 젊은이들을 불쌍히 여기소서!"

2022.7.

시기와 질투

이재철 목사님의 문설집에 이런 내용이 있습니다.

중병에 걸린 두 사람이 같은 병원의 작은 병실에 입원해 있었습니다. 병실에는 바깥세상을 내다볼 수 있는 창문이 하나뿐이었습니다. 한 환자는 치료 과정 때문에 매일 오후 한 시간씩 침대에 앉을 수 있었습니다.

그는 창가에 있었기 때문에 앉을 때마다 창밖 풍경을 볼 수 있었습니다. 하지만 다른 환자는 하루 종일 침대에 꼼짝없이 누워 있어야 했습니다.

매일 오후가 되면 창가에 있던 환자는 창밖을 바라보며 보이는 풍경을 맞은편 환자에게 일일이 설명했습니다. "호수에는 오리와 백조들이 떠다니고, 아이들은 모이를 던지거나 모형배를 띄우며 놀고 있습니다. 나무들 너머에는 더 아름다운 풍경이 펼쳐져 있군요."

그는 보이는 모든 것을 자세히 묘사하며 동료 환자

의 답답한 시간을 위로했습니다.

그러던 어느 날, 누워 있던 환자는 마음속에 이런 생각이 들어오기 시작했습니다.

'왜 창가에 있는 저 사람만 창밖의 즐거움을 누릴 수 있는가?'

이 질투는 점점 더 깊어졌습니다.

그리고 어느 밤, 창가의 환자가 갑자기 기침을 하며 숨을 몰아쉬기 시작했습니다. 간호사 호출 버튼을 찾으려 손을 허우적거렸습니다. 그러나 그는 지켜보기만 했습니다. 마침내 창가의 환자는 그 자리에서 숨을 거두었습니다.

아침에 간호사가 시신을 치우고 간 뒤, 그는 자신의 침대를 창가로 옮겨 달라고 했습니다. 모든 직원들이 떠나자마자 힘겹게 몸을 일으켜 세웠습니다.

'이제 나도 창밖을 보아야지.'

고통을 참고 팔꿈치를 괴며 간신히 상체를 세우고 창밖을 바라보았습니다. 그런데, 이게 웬일입니까?

창밖에는 아무것도 없었습니다. 오직 맞은편 건물의 회색 담장이 가로막고 있을 뿐이었습니다.

지난날, 이미 죽은 그 환자는 담벽 너머를 바라보며 스스로 지어낸 아름다운 풍경을 들려주었던 것이었습니다. 그것은 자신이 본 것이 아니라, 옆에서 눕고 있는 동료 환자를 위로하기 위해 창조해 낸 이야기였습니다. 아…

2022.8.

친절과 배려

 나의 친구 목사인 김정석 목사가 폐암 4기 수술 후 잘 지내오던 중, 담낭이 터져 피가 흐르고 폐혈증으로 급히 아산병원 중환자실에 입원하게 되었습니다. 18일간 의식 없이 지내는 동안 의사들은 희망이 없다고 진단하며 장례 준비를 권했습니다. 그러나 사모님과 김 목사님은 오직 하나님만 의지하며 믿음의 사람들에게 중보기도를 부탁했습니다. 하나님의 은혜로 기적 같은 치유가 일어나, 다시 강단에 서게 되었으니 얼마나 감사한 일인지 모릅니다.

 염려로 기도해 주던 김영식 목사 부부와 함께 교회를 방문했을 때 사모님은 무척 반가워하며 손수 전을 부치고 건강식 나물과 효소로 된 반찬들을 준비해 주셨습니다. 그 친절과 사랑에 감사했습니다. 하룻밤을 새생명교회에서 함께 보내며 은혜로운 시간을 나누었습니다.

이틀 후, 15년 전 우리 교회 젊은 부부를 위해 '아버지 학교'를 인도하고 군 복음화를 위해 헌신하던 김용호 목사님이 우리를 진안군 갈용교회로 초청했습니다. 산골에서 성실히 목회하던 부부는 정성껏 오리백숙과 약초 나물, 물김치를 대접했습니다. 또 직접 숙소를 마련해 주셔서 큰 기쁨과 감사를 느꼈습니다.

　다음날은 전주 구경을 시켜 주겠다 하여 김 목사님이 직접 운전하며 안내해 주셨습니다. 지역 목사님의 소개로 유명한 전주 비빔밥 집을 예약했으나, 우리가 약속 시간보다 조금 늦게 도착하면서 자리가 다른 손님에게 넘어가고 말았습니다. 식당 권사님은 예약 사실을 알고도 미안하다는 말 한마디 없었고, 반찬과 비빔밥도 기대에 못 미쳤습니다. 전국 맛집이라 방송에 소개된 사진들이 무색할 뿐이었습니다. 예의도, 친절도 없는 모습에서 아쉬움이 컸습니다.

　독일의 한 종합병원 이야기가 있습니다. 훌륭한 장비와 뛰어난 의사들이 있었지만, 병원은 매출이 계속 줄고 있었습니다. 경영진은 매뉴얼을 200쪽이나 만들었지만 효과는 없었습니다. 원인은 불친절이었습니다. 결국 병원은 간단한 규칙 세 가지를 도입했습니다.

3미터 앞에 고객이 보이면 미소 지을 것.

1미터 앞에 오면 인사할 것.

환자와 직원 모두에게 똑같이 적용할 것.

이 규칙을 실천한 지 6개월 만에 매출이 40%나 늘어났습니다. 200쪽의 매뉴얼도 이루지 못한 성과를, 단순한 미소와 친절이 만들어 낸 것입니다.

성경은 말씀합니다.

"서로 친절하게 하며 불쌍히 여기며 서로 용서하기를 하나님이 그리스도 안에서 너희를 용서하심과 같이 하라"(엡 4:32).

2022.9.

어느 목사의 추억, 건강하시게

　대한예수교 장로회(통합) 제107회 총회가 창원 양곡교회에서 열렸습니다. 전국 68개 노회에서 1,500여 명의 총대가 참여하였고, 저 역시 총대로 은혜 중에 다녀올 수 있었습니다. 회의는 이전보다 은혜롭게 진행되었고 큰 잡음 없이 속전속결로 마무리되었으니 참으로 감사한 일이었습니다.

　첫째 날 저녁, 수성교회 장로님이시며 창원 근로복지공단에서 근무하시는 안면환 장로님께서 장어구이와 커피까지 대접해 주셨습니다. 총대들이 감사한 마음으로 맛있게 식사하며 즐거운 시간을 보냈습니다.

　장로님은 매주일 창원에서 수성교회로 올라와 예배드리며 성가대에도 봉사하신다고 담임목사님이 소개하셨습니다. 장로님의 언행과 말투, 겸손한 모습이 은혜로웠고, 담임목사님께서 자랑스러워하심이 느껴졌습니다.

식사 후에는 마산 돝섬 앞에 있는 핸즈커피로 이동하여 목사님들과 장로님들이 이런저런 대화를 나누며 교제를 이어갔습니다. 옥상에 올라 아름다운 돝섬 야경을 바라보며 감탄하고 돝섬을 배경으로 사진도 찍었습니다. 그때 저는 결혼 초 신혼여행을 돝섬으로 갔던 일을 이야기하였습니다. 당시에는 여행 경험도 없고 제대로 된 숙소조차 마련하지 못했던 부끄러운 추억이었습니다. 지금 생각하면 아내에게 너무 미안하고 초라한 신혼여행이었습니다. 그러나 선후배 목사님들과 장로님들께서 "그 시절 신혼여행이란 게 대부분 경주, 마산, 부산이었고, 잘 가야 제주도였다."고 하시며 함께 웃어 주셔서 조금은 마음의 위로가 되었습니다.

　저녁에 숙소에 들어와 짐을 정리하고 샤워를 한 뒤, 잠자리에 들었습니다. 노회 임원들이 배려하여 방을 1인 1실로 준비해 주었기에 편히 쓸 수 있었지만, 잠이 쉽게 오지 않았습니다. 교회와 가족들이 계속 생각났기 때문입니다. 특히 아까 돝섬에서 찍은 사진을 떠올리며, 결혼 당시에는 휴대폰도 카메라도 없어 사진 한 장 남기지 못했음을 돌아보니 아내에게 소홀했던 기억이 떠올라 마음이 더욱 미안했습니다.

돌아보니 아내의 손은 어느새 거칠어지고, 몸은 약해져 여기저기 탈이 나 약을 먹어야 하는 날이 많아졌습니다. 다리에 힘도 많이 빠져 보여 걱정이 됩니다.

잠이 오지 않아 휴대폰을 켜고 임영웅이 부른 '어느 60대 노부부 이야기'를 조용히 들었습니다. 소리를 낮추고 여러 번 반복해 들으며 가사 하나하나를 음미했습니다.

곱고 희던 그 손으로 넥타이를 메어주던 때,
막내딸 대학시험, 뜬 눈으로 지새던 밤들,
큰 딸아이 결혼식 날 흘리던 눈물방울들…

세월은 그렇게 흘러 여기까지 왔습니다. 우리 인생도 황혼으로 기울고 있습니다. 그러나 다시 돌아갈 수 없는 지난 길은 잊고, 앞을 향해 걸어가야 합니다.

"여보, 주님 안에서 새 힘을 받으시오. 부디 건강하게, 함께 걸어갑시다."

2022.10.

감사의 눈을 열어주소서

 존경받는 한 목사님께서 평생 최선을 다해 목회 사명을 감당하시고 은퇴하신 뒤, 외곽에 작은 텃밭이 있는 집을 마련하여 은혜롭고 자유롭게 살고 계셨습니다. 은퇴 후 삶에 잘 적응하시며 책을 집필하시고 말씀도 전하시며, 소리 없이 은퇴 목사의 사역을 묵묵히 감당하고 계셨습니다.

 어느 날 사모님께서는 마당에 텃밭을 일구어 고추와 배추, 가지, 브로콜리 등을 심어 반찬으로 사용하셨답니다. 식사 자리에서 목사님은 사모님께 말씀하셨습니다.

 "당신 참 수고가 많으오. 텃밭에 고추며 가지며 채소를 심어 이렇게 좋은 음식을 만들어 먹을 수 있으니 얼마나 감사하오."

 그러자 사모님은 이렇게 대답하셨습니다.

 "내가 한 일은 아무것도 없고, 물 준 것밖에 없어요."

텃밭의 열매를 보며 감사하는 마음이었습니다.

다음 날 아침, 목사님은 하늘에서 비가 내리는 것을 바라보다가 마치 그 비와 함께 오이와 가지, 브로콜리 같은 채소가 쏟아져 내리는 듯한 환상을 보셨다고 합니다. 이는 마치 이스라엘 백성들이 광야에서 하늘로부터 만나를 받은 것처럼 하나님의 특별한 은혜와 기적임을 깨닫게 된 순간이었습니다.

목사님은 뒷산에 오르며 들과 산야에 피어난 꽃들과 공중의 새들을 바라보았습니다. 그것들이 결코 우연으로 존재하는 것이 아님을 알았습니다. 하나님께서 공중의 새들을 먹이시고, 들의 백합화를 입히신다는 말씀은 참된 진리였고, 솔로몬의 모든 영광도 이 꽃 하나만 못하다는 말씀을 실감하셨습니다.

우리는 십자가의 은혜를 받았고, 주님의 일방적인 사랑 속에 속죄의 은혜와 구원을 선물로 받았습니다.
또한 날마다 내리시는 영적 만나, 곧 말씀을 먹는 기적 같은 은혜를 경험합니다. 뿐만 아니라 하나님과 대화할 수 있는 은혜가 주어졌고, 시온성을 향한 소망을 가진 순례자가 되었으니 날마다 감사해야 합니다.

오늘도 하늘로부터 내리는 말씀의 비를 맞으며, 감사와 찬양의 열매가 여러분의 삶에 맺히길 바랍니다.

"호흡이 있는 자마다 여호와를 찬양할지어다"(시 150:6).

2022.11.

은종 (silver bell)

　11월 어느 날, 아는 기독교 서점의 여 목사님께서 CD를 선물해 주셨습니다. 캐롤송이었습니다. 자동차에 넣고 운전하며 들으니 "고요한 밤, 거룩한 밤, 어둠에 묻힌 밤…" 귀에 익은 노래가 들려왔습니다. 그 멜로디가 얼마나 은혜롭고 마음에 감동을 주는지 모릅니다. 이어지는 곡은 실버벨(Silver Bell) 이었습니다.

> Silver bell, silver bell
> 거리마다 오고 가는 많은 사람들이
> 웃으면서 기다리는 크리스마스
> 아이들도 어른들도 은종을 만들어
> 거리마다 크게 울리네
> 종소리 울려라 아름다운 종소리를
> 종소리 울려라 크리스마스 다가오네

이 노래는 1951년 코미디 영화 〈The Lemon Drop Kid〉의 삽입곡으로, 빙 크로스비(Bing Crosby)가 처음 레코딩하며 널리 알려졌습니다. 특히 한국에서는 6·25 전쟁 중, 미군이 한국에 파송되고 미국 교회가 기도하던 시절에 울려 퍼진 노래였습니다. 미국에서는 예수 그리스도의 탄생을 기억하며 은종을 달고, 수많은 사람들이 크리스마스의 은혜를 되새겼다고 합니다.

11월 말, 이 CD를 차에 꽂아 아내와 함께 혹은 다른 사람들과 운전하며 들으면 다들 "벌써 캐롤송이 나오네요"라는 반응을 보였습니다. 그렇습니다. 지난 2년 동안 우리는 코로나로 예배도 자유롭지 못했고 성찬식과 추수감사절, 성탄절도 감격 속에 지키지 못했습니다. 그러다 금년 봄이 지나면서야 교회마다 예배가 회복되고 부활절, 수련회, 추수감사절도 은혜롭게 지킬 수 있었습니다.

특히 이태원의 '할로윈 데이'로 말미암아 발생한 대형 참사를 떠올리며, 잘못된 문화와 영적 어두움의 축제가 얼마나 큰 상처를 남겼는지를 생각하며 기도하지 않을 수 없었습니다.

목회자인 저는 나라와 민족을 위해 기도하며 다음

세대를 염려하는 마음으로 기독교의 문화와 절기를 바르게 알리고 지키며 선포해야 한다는 간절함을 갖게 되었습니다. 그래서 교회 당회원들과 함께 성탄절을 아이들을 위한 축제로 준비하고, 송구영신예배도 온 가족이 함께 성전에 나와 예배드리며 한 해를 시작하기로 결의하였습니다.

이제 교회도 성탄절 장식을 아름답게 꾸미고 거룩하고 신실한 마음으로 말구유에 오신 주님의 낮아지심을 기억해야 합니다. 기다리는 마음으로 닫힌 심령을 열고, 그동안 자유롭지 못했던 마음을 회복하며 온 가족과 교우가 함께 주님께 예배드려야 합니다. 입을 열어 찬양하며 성탄의 기쁨을 나누어야 합니다.

고요한 밤, 거룩한 밤.

주님은 빛으로 오셨습니다.

거리마다 오고 가는 많은 사람들, 서로 사랑하고 축복합시다.

종소리 울려라, 천군 천사의 나팔 소리가 들리도록 우리 모두 찬양합시다.

2022.12.

2023년

1월   걸어갈 길, 달려갈 길

2월   너의 이름이 무엇이냐

3월   여백 있는 삶

4월   너는 예수를 누구라 하느냐

5월   부모님께 드리는 기도

6월   정직한 영을 새롭게 하소서

7월   생수

8월   주님, 당신만이 아십니다

9월   건너와서 우리를 도우라

10월   사도 바울의 길을 추억하며

11월   바른 신앙의 정리, 말씀의 삶

12월   내 인생 여정 끝날에

걸어갈 길, 달려갈 길

   인생에서 누구와 어디로 어떻게 걸어갈 것인가는 참으로 중요합니다. '세상과 충돌하라'를 쓴 A. W. 토저(Tozer)는 그의 책에서 둘이 동행하기 위한 몇 가지 조건을 제시합니다.

   첫째, 가는 방향이 같아야 합니다.
   여행을 함께하려면 방향이 일치해야 합니다. 인천공항에 모였다 해도 어떤 이는 미국, 어떤 이는 브라질, 또 어떤 이는 아프리카나 유럽을 향합니다. 동행하려면 반드시 같은 방향을 정해야 합니다.
   믿음의 사람은 하나님과 성령님과 함께 가야 합니다. 그러기 위해서는 세상과의 충돌을 피할 수 없습니다. 가인의 길, 롯의 선택이 아니라 아브라함과 같은 믿음의 방향을 정해야 합니다.
   둘째, 목적지에 대해 합의해야 합니다.

그렇지 않다면 중도에서 갈라서야 할 것입니다. 방향이 같아도 목적이 분명해야 합니다. 하와이로 가는 비행기라 해도 어떤 이는 신혼여행, 어떤 이는 사업, 또 어떤 이는 절망 속에서 자살을 결심하고 탈 수도 있습니다.

저는 국제횃불 사모님들과 목사님들을 모시고 사모수련회를 위하여 미국과 하와이를 11박 12일 다녀온 적 있습니다. 그때 삼십 여명의 목사님, 사모님들과 2박 3일 동안 와이키키 호텔에서 저녁 및 새벽마다 기도회를 열었습니다. 말씀과 기도로 은혜를 받고 하나님의 나라를 위한 것이 기도의 목적이었습니다.

와이키키 해변은 항상 여행객들로 붐볐습니다. 이른 아침에 수영복을 갈아입고 즐기는 사람들, 한 밤중에도 해변가 호텔라운지에서 파티로 낭만을 즐기는 사람들…. 이렇듯 다양한 사람들이 있었습니다. 우리도 기도회를 마치고 해변가에서 즐거운 식사를 하고 기쁜 마음으로 찬양도 부르며 숙소로 돌아왔습니다.

사모님들과 기도 회원들은 하와이에 간 목적이 분명하였습니다. 우리는 '7대 기도제목'을 붙들고 하나님의 영광을 위해 기도하며, 동시에 여행의 즐거움도 누렸습니다. 목적이 분명했기에 은혜롭고 기쁜 시간이 되었습니다.

셋째, 속도에 동의해야 합니다.

속도가 다르면 같은 길을 가도 동행은 불가능합니다. 토저는 이것을 "내면의 부흥"이라고 했습니다.

"우리의 영에 영으로 역사하시는 분이 성령님이십니다. 사실 우리는 이 성령님의 신비를 설명하지 못할 때가 많이 있습니다. 그럼에도, 성령님이 우리 가운데서 역사하심을 압니다." 토저의 책 '세상과 충돌하라'에 나오는 말입니다.

사도 바울은 주께 붙잡힌 이후 성령의 인도에 따라 달려갈 길을 달렸습니다. 아시아 선교를 계획했지만, 성령께서 마케도냐 환상을 보여 주심으로 방향을 바꾸어 유럽으로 향했습니다. 그는 생명을 걸고 복음을 전하다가 순교했으나, 고백하기를 "항상 기뻐하라, 쉬지 말고 기도하라, 범사에 감사하라" 하였습니다. 그는 주께 받은 사명을 위하여 자기 생명을 조금도 귀한 것으로 여기지 않고, 끝까지 푯대를 향해 달려갔습니다.

2023년, 우리의 걸음의 방향·목적지·속도를 점검하며 힘차게 달려갑시다.

2023.1.

너의 이름이 무엇이냐

리처드 범브란트(Richard Wurmbrand)는 1909년 3월 24일 루마니아 부쿠레슈티에서 태어났습니다. 그는 하나님을 믿지 않고 방탕하게 살다가 결혼 후 기독교인이 되었고, 마침내 노르웨이 루터교 선교사회의 목사가 되었습니다.

1945년, 공산주의가 루마니아를 점령하고 교회를 통제하자 범브란트 목사는 곧바로 지하 선교를 시작했습니다. 그러나 1948년 그는 체포되어 지하 30피트(약 9m)의 감옥에 수감되었고, 그곳에서 14년 동안 이루 말할 수 없는 고문과 시련을 겪었습니다. 감옥에서 그는 매일 17시간씩 강제로 세뇌 교육을 들어야 했습니다.

"공산주의는 좋다. 공산주의는 좋다. 공산주의는 좋다."

"기독교는 어리석다. 기독교는 어리석다. 기독교는 어리석다."

"아무도 그리스도를 믿지 않는다. 포기하라. 포기하라. 포기하라."

그러나 그는 단 한 번도 지하교회의 이름이나 장소를 누설하지 않았습니다. 그의 체험은 참혹했습니다.

<범브란트>의 경험담을 아래에 소개합니다.

· 9m 14cm 지하 감옥에 갇혀 있는 동안 수년간 태양과 달과 눈과 꽃들과 별들과 산들, 강들을 볼 수 없었다. 성경도 없고, 그 어떠한 책도 없었다. 종이 한 장, 펜 한자루도 없었다. 쓰는 법을 까먹어버렸다.

· 우리는 소리를 들은 적이 없었다. 내가 있는 방은 방음이 되어 있었는데 속삭이는 소리도 못 들었다. 아무 것도 볼 수 없었다. 완벽한 침묵이 방안을 채웠다.

· 우리는 거의 아무 것도 먹지 못했다. 일주일에 한 조각 빵이 배식 되었다. 14년 동안 난 색깔을 본적이 없었다. 나는 감방의 회색벽과 회색 유니폼만 보았다. 색깔을 잊어버렸다. 나는 지쳐갔다.

그러던 어느 날 나는 주님께 말했다.

"주여, 보고 계신가요? 이곳에는 형제도 없고 자매도 없고 당신이 쓴 글도 없습니다. 나는 성만찬을 할 수도 없습니다. 하지만 당신은 기독교인들을 박해하고 살해했던 사울 같은 매우 사악한 사람에게도 나타나셨고 그에게 대화해 주셨습니다. 저는 말을 할 사람이 아무도 없는데, 오늘 밤 저에게도 말씀해 주실 수 있습니까?"

그날 밤, 주님께서 나의 기도에 응답하셨다.

"너의 이름이 무엇이냐? (What is your name?)"

나는 예수님을 신이라고 믿는다. 그리고 당연히 신은 적어도 제 이름을 알고 있을거라 여겼다. 신이 누군가의 이름을 묻는다는 것은 매우 이상했다. 하지만 하나님은 전에도 이와 같은 이상한 질문을 한 적이 있으셨다.

"아담, 너는 어디 있느냐 (Adam, where are you?)"

몰라서 그 질문을 던진 것이 아니라, 아담이 생각하게 하기 위해 그 질문을 한 것이다.

"너의 이름이 무엇이냐 (What is your name?)"

나는 내 이름이 〈리차드〉란 것을 알고 있다. 그러나 그 대답을 할 수 없었다. 나는 떨렸다. "그리스도인입니다"라고 하기엔 내 자신이 로마 시대 순교자들처럼 용감하지 못했고, "목사입니다"라고 말하기엔 양떼를 돌보는 목자의 모습에 미치지 못했기 때문이었다. 나는 엎드려 말했다.

"예수님 전 이름이 없습니다.
 당신의 이름을 가지도록 해 주세요.
 나는 죽었습니다.
 그러나 그리스도가 이 안에 사는 것입니다."

 범브란트는 훗날 이렇게 고백했습니다.
"나는 감옥에서 잃어버린 세월을 좌절하지 않습니다. 그곳에서 오히려 아름다운 것을 보았기 때문입니다."
 2023.2.

여백 있는 삶

 말 한마디에도 여유가 있는 사람이 있고, 바쁘고 불안한 사람이 있습니다. 그래서 저는 여백이 있는 사람을 좋아합니다. 저 또한 그렇게 살고 싶습니다.

 주일날 점심에 교회에서 김장 김치와 깍두기가 나올 때가 있습니다. 깍두기를 담은 그릇에는 여백이 있습니다. 그 사이에는 얼마든지 다른 것이 들어갈 수 있습니다. 깍두기를 씹으며 성도와 대화도 하고 식사하면 소화도 잘 됩니다. 사람의 마음에도 통할 수 있는 여백이 있고, 커피 한 잔을 즐길 수 있는 여유가 있는 사람이 우리 사회를 밝게 할 수 있습니다.

 어느 글에는 이런 말이 있습니다.

 "길고 짧음은 생각에서 오며, 넓고 좁음은 한 치 마음에 달려 있다. 그러므로 마음에 여유가 있는 자는 하루가 천 년보다 아득하고, 뜻이 넓은 자는 좁은 방도 하늘과 땅 사이처럼 넓다."

이는 결국 마음먹기에 달렸다는 말일 것입니다. 마음의 태도에 따라 불안한 상황에서도 평안할 수 있고, 평안한 상황에서도 불안할 수 있습니다. 다윗과 사울이 바로 그 대표적인 예입니다. 다윗은 인생의 극심한 환난 가운데서도 "나는 여전히 태연하리로다"(시 27:3)라고 고백했습니다. 반면 사울은 막강한 권세를 누리고 있었지만 불안과 불면증으로 고통을 당했습니다.

오늘 우리 사회는 너무 이기적이고 정치적으로는 대립하고 있습니다. 여유가 없고 불신과 불안이 만연해 있습니다. 뉴스를 보면 마음이 피곤하고, 거짓된 이야기를 들으면 피로도가 느껴집니다. 경기는 침체하고 청년 실업은 심각하며, 강성 노조의 도전과 국회의 월권, 대통령 탄핵 소추 거론까지 이어지고 있습니다.

안보 불안 속에서 자유민주주의 체제마저 위태롭습니다. 게다가 지진, 러시아·우크라이나 전쟁, 브라질 폭우 등 위기 상황은 계속되고 있습니다.

그럼에도 불구하고 우리는 여백 있는 삶, 여유 있는 삶을 살 수 있지 않겠습니까? 다윗은 시편 27편 3절에서 이렇게 말했습니다.

"군대가 나를 대적하여 진 칠지라도 내 마음이 두렵

지 아니하며, 전쟁이 일어나 나를 치려 할지라도 나는 여전히 태연하리로다."

여기서 '태연하다'(바타흐)는 주로 의지하다, 신뢰하다, 안전하다로 해석됩니다. 다시 말해, 아무리 위급한 상황을 만나도 하나님께 피하여 편안한 쉼을 갖겠다는 고백입니다. 이것이야말로 여백 있는 삶, 여유를 가지는 삶의 모범입니다.

저는 개인적으로 좋아하는 그림이 있습니다.

철강왕 카네기는 모래톱에 비스듬히 기울어진 거룻배 한 척이 그려진 그림을 가지고 있었습니다. 그림 밑에는 '반드시 밀물 때가 온다'라고 쓰여 있습니다. 밀물 때란 배가 떠오를 수 있는 기회의 순간을 말합니다. 카네기는 그 그림을 보며 "내게도 반드시 밀물의 때가 온다"는 소망과 여유를 품고, 누구에게나 친절하며 스스로를 격려했다고 합니다.

2023.3.

너는 예수를 누구라 하느냐

　미국 남북전쟁 당시 장군이자 문인이었던 류웰리스(Lew Wallace)는 기독교의 신화를 영원히 무너뜨릴 책을 써서, 인류를 그리스도로부터의 굴레에서 해방시키겠다고 다짐했습니다. 그는 서구의 여러 도서관에서 2년 동안 방대한 자료를 수집하고 연구하여, 예수님에 대한 이야기가 허구라는 것을 주장하는 책을 쓰기 시작했습니다. 그러나 제1장을 쓰고 제2장의 첫 페이지를 쓰던 중, 그는 도저히 부인할 수 없는 사실 앞에 무릎을 꿇고 이렇게 외쳤습니다.

　"당신은 나의 주, 나의 하나님이십니다."

　그 사건 이후 그는 유명한 소설 《벤허》를 집필했습니다.

　한때 불가지론자였던 캠브리지 대학 교수 C.S. 루이스도 이렇게 말했습니다.

　"사람들이 자주 이런 말을 하는 것을 듣습니다. '나

는 예수님을 위대한 도덕적 스승으로는 모시고 싶다. 그러나 그가 하나님이라는 주장은 수락할 수 없다.'

그러나 이 말은 해서는 안 됩니다. 단지 한 사람에 불과하면서 예수님이 하신 말씀을 하는 사람이 어찌 위대한 도덕적 스승이 될 수 있습니까? 그런 사람이라면 자신을 삶은 계란이라 말하는 미친 자이거나, 지옥의 악마일 것입니다. 여기 우리의 선택이 있습니다. 그는 하나님의 아들이시거나, 아니면 미친 자이거나, 그 이하일 것입니다."

루이스는 계속하여 말했습니다.

"그를 바보로 취급해 입을 막아 버리든지, 악마로 취급해 침 뱉고 죽여 버리든지, 아니면 그 앞에 엎드려 '당신은 나의 주, 나의 하나님이십니다'라고 고백해야 할 것입니다. 결코 그를 단순히 도덕적 스승으로만 모시는 어설픈 호의는 치워 버려야 합니다. 예수는 그것을 원하지 않으십니다."

그렇습니다. 우리는 예수님 앞에서 엄숙한 질문을 던지고, 그에 대한 분명한 결단을 내려야 합니다.

"2천 년 전에 죽은 로마의 사형수여, 생명의 약탈자여! 그대는 단지 사람인가, 하나님인가? 죽었는가, 살아 계신가? 생명의 약탈자여, 사랑의 약탈자여!"

이것은 무신론자인 한 80세 노시인이, 자신의 무남독녀 외동딸을 아프리카 선교사로 떠나보내며 예수님께 던진 물음이었습니다.

그렇습니다. 기독교 정신은 자신이 무너질지라도 진리가 서기를 바라는 종교입니다. 사실이 아니면 기독교가 무너져도 상관없습니다. 그러나 참이라면, 우리는 그 진리 앞에 굴복해야 합니다.

그러므로 우리 모두는 예수님께 반드시 엄숙한 질문을 던지고, 그 답에 대한 결단을 내려야 합니다.

여러분은 정말, 예수 그리스도를, 어떻게 믿고 있습니까?

2023.4.

부모님께 드리는 기도

저는 생전에 어머님께 이런 기도를 자주 드렸습니다.

"하나님, 우리 어머니 건강하게 하시고, 곱게 늙어가게 하시며, 남은 여생 다복하게 하소서."

우리 교회의 모든 부모님들도 건강하시고, 곱게 늙어가시며, 다복한 삶을 살아가시기를 축복합니다.

제 동생 장로 역시 교회에서 기도할 때마다 "어머님들이 건강하시고 오래도록 기도하며 복된 삶을 사시도록" 늘 기도하는 것을 듣곤 합니다.

자녀들이 부모님께 해 드려야 할 일은 무엇일까요?

첫째, 오래도록 건강하게 사시도록 도와야 합니다.

저의 어머님은 돌아가시기 몇 년 전부터 몸이 약해지셨습니다. 어려운 일을 참고 지내시다가 화병이 오신 듯 숨이 가빠 산소 호흡기를 달고 지내셨습니다. 외출하실 때는 기관지 확장제를 목에 뿌리시며 다니셨습니다. 돌아보니 얼마나 답답하셨을까 생각하면 지금도 마음이 아픕니다. 부모님들이 건강하게 사셔야 합니다.

둘째, 편안하게 지내시도록 모셔야 합니다.
어른들이 하고 싶지만 차마 하지 못하는 말 세 가지가 있다고 합니다.
첫째는 "아프다"는 말입니다. 자녀들이 귀찮아할까 봐 차마 말하지 못하십니다.
둘째는 "외롭다"는 말입니다. 자식들이 자신을 잘 모시지 못한다고 들을까봐 감추십니다.
셋째는 "배고프다"는 말입니다. 자식들이 귀찮게 여길까 염려하시기 때문입니다.
부모님들이 편안하게 지내시도록 살펴야 합니다.

셋째, 자식이 잘되기를 원하십니다.
부모들은 자식 자랑을 하고 싶어 하십니다. 물질을 자랑하고 싶고, 친구들을 초청하여 잔치도 하고 대접도 하고 싶으십니다. 자녀가 열심히 살고 잘되면 용돈도 드리며 기뻐하시고, 부모님의 마음은 든든해집니다.
5월이 되어 부모님이 더욱 생각납니다.

부모님들이 건강하게 오래 사시도록, 편안히 지내시도록, 자식들이 잘되기를 소망합니다. 그리고 아브라함처럼 믿음의 복을 받아 누리시기를 바랍니다.

2023.5.

정직한 영을 새롭게 하소서

    이스라엘은 출애굽 이후 하나님의 보호와 사랑 속에 약속의 땅 가나안에서 은혜 가운데 살았습니다. 그러나 히브리 백성들은 가나안에서 하나님의 말씀을 떠나 우상숭배와 타락의 길을 갔습니다. 하나님은 오래 참으시며 회개의 기회를 주셨으나, 그들은 남북으로 갈라져 악순환을 이어갔습니다.

    북이스라엘은 솔로몬의 신하였던 여로보암이 반란을 일으켜 사마리아에 수도를 정하고 송아지를 섬기며 바알과 아세라 숭배로 타락했습니다. 왕이 마음대로 제사장을 세우면서 나라는 더욱 우상숭배의 길로 빠져들었습니다. 결국 북이스라엘의 19명의 왕 중 선한 왕은 단 한 사람도 없었습니다. 호세아 왕 시대에 이르러 하나님의 은혜를 저버리고 권력을 탐하며, 이사야 선지자의 권면도 거부하다가 마침내 주전 722년 앗수르에게 멸망당했습니다.

남유다도 크게 다르지 않았습니다. 솔로몬의 아들 르호보암 이후 나라가 패역하게 되었고, 특히 5대 왕 여호람은 아합과 이세벨의 딸 아달랴를 왕비로 맞아들임으로써 나라를 바알과 아세라 숭배의 길로 끌고 갔습니다. 하나님은 유다 백성들이 말씀을 지키고 회개하기를 바라셨으나, 그들은 선지자의 음성을 외면하고 이집트의 힘을 의지하며 자신들의 권력으로 나라를 지키려 했습니다. 그러나 결국 북이스라엘이 멸망한 지 120년 뒤인 주전 587년, 바벨론에 의해 완전히 멸망하고 말았습니다.

오늘 우리나라가 걱정됩니다. 대장동 사건, 화천대유, 성남도시개발공사, 천화동인 주주 문제, 50억 클럽, 쌍방울 변호사비, 대북 송금 재판, 돈 봉투 사건, 김남국 의원의 코인 사태 등 수많은 사건들을 봅니다. 정치인들은 자신은 깨끗하다고 주장하지만, CCTV와 녹취록은 서로 조작이라고 합니다. 그렇다면 둘 중 한쪽은 분명히 거짓말을 하고 있습니다. 이는 결국 집단적 거짓과 사기극이 아니겠습니까?

나라는 부패할 때 가장 위태로워집니다. 공의가 사라지고 거짓이 성행하며, 우상숭배와 술수가 판치고 양심이 파괴됩니다. 젊은이들은 거짓을 배우고, 도덕은 무너지고, 물질과 인본주의가 나라를 뒤덮습니다. 이는 유물주의와 공산주의 못지않게 인간을 파괴하고 민족을 타락시키며 결국 나라를 허물어뜨립니다.

   이것을 막기 위해서는 교회가 먼저 바로 서야 합니다. 그리스도인들이 공의가 하수같이 흐르게 하고, 우상을 제거하며 탐심을 물리치고, 진리의 말씀을 선포하며 정직한 영으로 새로워져야 합니다.

   주여, 우리에게 새 마음을 주시고 정직한 영을 새롭게 하소서.

   2023.6.

생수

  2007년 4월, 인도네시아 오지에 교회를 세우고 헌당을 위하여 다녀왔습니다. 엠빠옹 마을 모리아 쉼터교회 헌당식(전도사, 마틴)이었습니다. 당시 쉼터교회 성도들의 기도와 헌신 속에 교회를 개척하고 헌당에 참여한 대표단은 감사와 설레는 마음이 가득했습니다. 인도네시아에는 드보라와 같은 강한 리더십의 송광옥 선교사가 있어 많은 교회를 개척하고 신학교까지 준비하고 있었습니다.

  모리아 쉼터교회 헌당을 위해 우리는 점심도 제대로 먹지 못한 채 4시간을 달려갔습니다. 섭씨 30도가 넘는 한낮을 통과하며 7시로 예상했던 도착시간은 밤 9시가 되어버렸습니다. 트럭을 타고 오전과 오후 내내 달리느라 갈증은 극에 달했고, 온몸은 땀에 젖었으며, 밀림 지역을 걷는 동안에는 정신이 혼미해지기도 했습니다. 그러나 교회 입구에 들어서자 놀라운 광경이 펼쳐졌습니다. 온 마을 사람들이 마당과 길가를 가득 메우고 있었고, 이날 모인 인원이 350~400명에 이르렀습니다. 선교사조차 놀라는 모습이었습니다.

정말 이 교회를 위해 교회적으로, 개인적으로 오랜 시간을 하나님 앞에 엎드렸음을 느꼈습니다.

그때 엠빠옹 마을의 한 이름 없는 여자 성도가 깊은 우물에서 길어온 생수를 우리에게 주었습니다. 그 물을 마시니 정신이 맑아지고 감사가 넘쳤습니다. 그리고 강단에 올라 설교를 시작했습니다. 송광옥 선교사가 인도네시아어로 통역하며 성령의 인도 속에 말씀이 전해졌습니다. 이름 없는 여 성도의 생수가 갈증을 해소시키고 말씀을 전할 수 있는 힘을 주었습니다. 그리고 저는 이곳에 모인 이들의 영적 목마름을 느낄 수 있었습니다.

요한복음 4장에도 한 여인이 나옵니다. 그는 복잡하고 지친 인생을 살아가던 사마리아 여인이었습니다. 대낮에 아무도 없는 수가성 우물가로 나가 물을 길으며 숨어 사는 삶을 살던 여인이었습니다.

어느 날 그 여인은 정오에 물을 얻기 위하여 야곱의

우물에 갑니다. 마침 예수님은 예루살렘에서 전날 출발하시어 다음 날 정오까지 비지땀을 흘리며 사마리아로 걸어오시던 중이었습니다.

요한복음 4장 3절에 "유대를 떠나사 다시 갈릴리로 가실새 사마리아를 통과하여야 하겠는지라" 라는 주님의 강한 의지를 볼 수 있는 구절이 있습니다. 사람들의 시선을 피해 살아가는 여인을 위하여 작정하고 오신 것입니다.

"내가 주는 물을 마시는 자는 영원히 목마르지 아니하리니 내가 주는 물은 그 속에서 영생하도록 솟아나는 샘물이 되리라"(요 4:14).

여인은 "주여, 그런 물을 내게 주사 목마르지도 않고 또 여기 물 길으러 오지도 않게 하옵소서"라고 고백했습니다. 예수님은 남편을 데려오라 말씀하시며 그의 삶을 드러내셨고, 결국 예배 이야기가 나왔습니다. 여인은 메시야가 오실 줄 안다고 고백했을 때, 주님께서는 "내가 그니라" 말씀하셨습니다.

그 순간 여인은 메시야를 만났습니다. 갈급했던 문제는 해결되었고, 목마름의 본질이 예배였음을 깨달았습니다. 그는 즉시 동네로 달려가 사람들에게 "와서 보라"고 증거했습니다. 이후 그녀의 삶은 변화되었고, 주님을 따르며 영적 생수를 전하는 증인이 되었습니다.

   2023.7.

주님, 당신만이 아십니다

 금년도 반원을 돌아보니 멈추지 않고 시간은 계속 달려가고 있습니다. 8월을 맞으니 먼 길을 돌아 한참이나 온 듯합니다. 금년에는 유난히 많은 비가 내려 산사태와 인명 사고가 많이 발생하여 뉴스를 볼 때마다 마음이 아팠습니다.

 그렇게도 퍼붓던 비가 어제 주일에는 잠시 그쳤습니다. 예배를 잘 드리고 저녁이 되면 자전거를 타고 운동을 할 수 있겠다 싶었는데, 저녁 무렵 다시 빗방울이 떨어지더니 밤새도록 바람과 함께 창가를 두드렸습니다.

 교회 4층 서재에 새벽기도를 마치고 올라와 창문을 활짝 열었는데 햇빛은 나지 않았지만, 창가의 공원 옆의 나무에 앉아 지저귀는 새 소리는 째짹째짹, 무언가 즐거운 모양입니다. 아침마다 새소리를 들은 지도 벌써 12년이 되었습니다. 그러고 보니 신학을 공부하고 목사 안수를 받아 목회 현장에 선 지도 어느덧 36년이 되었습니다.

　그동안 제 삶은 매주일 "내 양을 먹이라, 내 양을 치라"는 주님의 목양 말씀을 따라 성전 강대상 중심으로 흘러왔습니다. 토요일은 예배와 말씀 준비로, 금요일은 금요기도회와 주일 준비로 제 시간이 없었습니다.

　매일 새벽 5시에는 새벽기도회를 위해 강대상에 서서 말씀을 전하고 십자가 밑에 엎드렸습니다. 수요일 또한 예배와 기도회로 강대상이 제 자리가 되었습니다.

　그러다 보니 식사조차 온전히 즐기지 못할 때가 많았습니다. 병원에 계신 분들, 병상에 누운 분들이 떠올라 마음이 무거웠습니다. 누군가가 맛있는 음식을 대접해도 사실은 100% 맛있다 할 수 없었습니다. 나이 드신 성도님들은 관절과 허리, 합병증으로 고통받고, 가정마다 자녀의 문제, 생활고, 질병으로 눈물 짓는 일이 있었습니다. 그런 모든 어려움이 마치 제 부족함 같고, 기도가 메마른 목회자의 책임 같아 기쁨이 기쁨이 아니고, 슬픔이 슬픔이 아닐 때가 많았습니다.

　휴가를 떠나거나 외국에 다녀와도 제 마음은 늘 강대상을 떠나지 못했습니다. 십자가 밑 강대상에서 기쁨과 슬픔, 회개의 눈물과 위선의 모습까지 뒤섞여 살아온 세월이 결국 제 직장이요, 하나님의 사역의 자리였기 때문입니다. 그러다 보니 결국 터져 나오는 변치 않는 기도가 있습니다.

"아버지여 저는 여길 떠날 수 없습니다. 죽어도 여기서 죽고, 살아도 여기서 살아야 합니다. 이곳에서 모든 문제가 해결되어야 합니다. 주여, 불쌍히 여겨 주옵소서."

그리고 문득 제 마음에 질문이 일어납니다.

"목회가 무엇인가?"

그리고 찬양이 입에서 나오고 컴퓨터 원고를 치며 음악을 듣습니다.

2023.8.

건너와서 우리를 도우라

 사도 바울은 제2차 선교 여행을 아시아 지역을 중심으로 계획하고 있었습니다. 이방인에게 복음을 전할 사명을 품고 기도하며 준비했습니다. 그런데 어느 날 밤, 비두니아(소아시아 북서부)로 가고자 애써 기도하는 중 환상을 보게 되었습니다. 마케도냐 사람이 나타나 "건너와서 우리를 도우라"는 환상을 본 것입니다. 바울은 아시아 선교 계획을 접고 유럽의 관문인 빌립보로 향했습니다. 그래서 어떤 이들은 당시 바울이 타고 가던 배가 세계 역사의 물줄기를 바꾸었다고 말합니다.

 결국 바울이 복음의 방향을 아시아에서 유럽으로 바꾸고 빌립보에서 교회를 세워 복음을 전하면서 유럽으로 복음의 바람이 불기 시작하였고, 로마가 복음화 되고 이 복음의 물결이 영국과 미국으로 건너가자 결국 그 바람은 태평양을 넘어 한국으로 불어왔던 것입니다. 대동강변에서 조선 땅을 한번 밟아보지도 못하고 피를 토하고 순교한 토마스 선교사는 성경책을 던져 놓고 이슬처럼 사라졌지만, 어둡고 암울했던 이 땅에 서양 선교사들의 헌신이 이어졌습니다. 골짜기마다 교회가 세워지면서 교육의 장소가 되었고 문화와 문명이 발달하는 계기를 마련하고, 사람을 일깨워 민족의 독립과 거룩한 비전을 가지게 하였던 것입니다.

예전에 인도네시아 선교 현장에 다녀온 적이 있습니다. 그때 인도네시아 현지를 돌아보고 선교의 마인드를 바꾸게 되었습니다.

칼리만탄 지역, 그 넓은 오지에 교회가 세워지면 모든 동네 사람들이 모여들었고, 까만 아이들이 밤하늘의 별보다 더 초롱초롱한 눈을 반짝이며 교회 바닥에 앉아 복음송을 불렀습니다. 뿐만 아니라 현지 신학생, 전도사들의 헌신적인 노력으로 말미암아 복음이 깨어나고 있었습니다. 그 지역이 바로 실크로드 지역이고 세계 인구 2/3가 밀집된 북위 10/40도선에 있는 지역입니다. 지금 하나님의 시계는 다시 아시아를 가리키고 있습니다. 그 현장에는 한국 사람들의 헌신적인 사역과 노력으로 계속 복음의 역사가 현재진행형으로 일어나고 있으며 밀림으로, 오지로 복음이 밀려들어가고 있습니다.

이것을 누가 멈출 수 있겠습니까? 사도 바울이 기도하는 중 자신의 계획을 접고 하나님의 뜻을 따라 방향을 바꾼 것처럼, 우리도 기도한다면 반드시 아시아와 무슬림 지역에서 "건너와서 우리를 도우라"는 소리가 들릴 것입니다. 하나님께서 이미 토대를 마련하셨고, 역사의 물줄기를 바꾸셨습니다. 우리가 순종하며 기도하고, 사랑과 복음과 물질을 가지고 가는 길만이 나와 너를 살리는 길입니다. 그것이 안티크리스천을 살리는 길이고, 하나님과 무관한 사람들을 살리는 길입니다.

"건너와서 우리를 도우라."

그 소리가 지금 우리 주변에서, 아시아에서 들려오고 있습니다.

2023.9.

『부흥 (이땅의 황무함을 보소서)』

이 땅의 황무함을 보소서
하늘의 하나님 긍휼을 베푸시는 주여
우리의 죄악 용서하소서
이 땅 고쳐 주소서

이제 우리 모두 하나 되어
이 땅의 무너진 기초를 다시 쌓을 때
우리의 우상들을 태우실
성령의 불 임하소서

부흥의 불길 타오르게 하소서
진리의 말씀 이 땅 새롭게 하소서
은혜의 강물 흐르게 하소서

성령의 바람 이제 불어와
오 주의 영광 가득한 새날 주소서
오 주님 나라 이 땅에 임하소서

송정미, 〈부흥(이 땅의 황무함을 보소서)〉, 1989.

사도 바울의 길을 추억하며

 평소 사도 바울이 복음을 전했던 선교 여행지를 돌아보고 싶었습니다. 마침 그 기회가 주어졌습니다. 여섯 분의 목사님 부부와 함께 여행사를 통해 8박 9일 일정으로 바울의 제2차 선교 여행지를 은혜 가운데 다녀올 수 있었습니다.

 인천에서 이스탄불로 향하는 항공기 안에서 주어진 기내식은 일품이었습니다. 쇠고기 비빔밥과 커피로 저녁을 해결하고, 바울의 선교 여행지와 지도를 대조하며 여행사에서 준비한 일정을 확인하며 기대 반, 설렘 반으로 기도하며 눈을 감았습니다.

 도착한 이스탄불은 튀르키예의 최대 도시입니다.

 마르마라해와 흑해를 연결하는 보스포루스 해협을 사이에 두고 아시아와 유럽 대륙에 걸쳐 있었습니다.

 배를 타고 해협을 따라가며 성 소피아 성당을 바라보았습니다. 주후 537년 유스티니아누스 황제가 세운

이 성당은 비잔틴 건축 예술의 백미라 불립니다. 완공 당시 황제는 그 아름다움에 도취되어 "이제 내가 솔로몬을 이겼소"라고 고백했다고 전해집니다.

여행은 순조로웠습니다. 한국에는 비가 내렸다고 들었지만, 튀르키예와 그리스 지역은 맑고 청명했습니다. 특히 저는 요한계시록에 나오는 일곱 교회의 흔적과, 2천 년 전 바울이 걸었던 험난한 여정을 직접 보는 것에 관심이 많았습니다.

여행 7일째에는 아덴(아테네)을 거쳐 고린도에 갔습니다. 바울이 아레오바고 언덕에서 우상숭배자들과 하나님을 알지 못하는 이들에게 사도행전 17장의 감동적인 설교를 전한 곳이었습니다. 아내와 손을 잡고 그곳에 서니 가슴에 새겨지는 감동이 있었습니다. 이어서 메테오라 산정 수도원을 거쳐 빌립보로 향했습니다.

네압볼리 항구(현 카발라 Καβάλα. Kavala)에 도착했을 때는 더욱 특별했습니다. 바울이 환상을 본 뒤 드로아에서 건너와 도착한 곳이었습니다. 기념교회 벽화에는 바울이 환상을 보고 배를 타고 까발라에 도착하는 장면이 그려져 있었습니다. 이어 루디아를 만난 루디아 교회와 세례터를 방문했습니다. 일행이 함께 찬송하고 합심 기도를 드리며 교회와 복음을 위해 간절히 기도한 순간은 잊을 수 없는 은혜였습니다.

또한 빌립보 감옥도 보았습니다. 바울과 실라가 매를 맞고 감옥에 갇혔지만 한밤중에 찬송하며 기도하자 옥터가 움직이고 차꼬가 풀려, 간수장과 그 가족이 세례를 받게 된 현장이었습니다. 그 감옥과 경기장을 둘러보고 내려오는 길에, 동행했던 박지연 집사님이 저와 아내의 뒷모습을 사진으로 찍어주었습니다. 저물어가는 빌립보의 석양이 배경이 된 사진은 한 폭의 그림 같았습니다.

그 사진과 함께 집사님이 카톡으로 짧은 메시지를 보내주었습니다.

"하나님의 종으로 평생을 귀하게 순종하신 두 분의 아름다운 뒷모습을 보며 저와 남편의 미래도 그려보게 되었어요. 사진 찍는 내내 너무 행복했습니다. 축복합니다."

과분한 말씀이었습니다. 호텔에서 그 사진을 다시 보며 감동이 밀려왔습니다. "저물어가는 하루처럼 나의 목회도 잘 마무리하고, 마지막까지 피곤하고 상처 입은 사람들을 위로하고 기도하며 사랑의 목회를 해야겠다"는 다짐이 생겼습니다.

이번 성지순례는 저에게 새로운 열정을 불어넣어 주었습니다. 바울처럼 달려갈 길을 다 달려가는 은혜를 주시기를 간절히 기도하며, 함께 기도해 주신 성도들에게 이 자리를 빌어 감사를 드립니다.

　2023.10.

바른 신앙의 정리, 말씀의 삶

우리가 그리스도인으로 바른 신앙생활을 하기 위해서는 바른 말씀과 신앙의 정리가 필요합니다.

첫째, 말씀이 무엇인지 정리가 되어야 합니다.
성경은 40여 명의 선지자와 제자들에 의해 기록된 하나님의 말씀입니다. 모든 성경은 하나님의 감동으로 된 것으로 교훈과 책망과 바르게 함과 의로 교육하기에 유익하며, 하나님의 사람을 온전하게 합니다. 또한 말씀은 육신이 되어 오신 예수 그리스도이십니다.

종교개혁자 마르틴 루터는 "선포되는 말씀, 곧 설교가 하나님의 말씀이다"라고 설파했습니다.

둘째, 믿음이 무엇인지 알아야 합니다.
믿음은 헬라어로 ①피스티스(πιστις)이고 신실하다도 ②피스티스(πιστις)이며 충성도 ③피스티스(πιστις)인데,

충(忠)은 마음가운데 성(誠)-말씀'언'에 이룰'성' 즉, 말씀을 이루어가는 삶입니다.

그러므로 피스티스, 신실한 삶을 살아가는 자가 믿음 있는 자입니다.

셋째, 은혜를 받았다는 것이 무엇인지 분명히 해야 합니다.

재미있는 말이나 귀를 즐겁게 해주는 말씀을 많이 듣는 것이 은혜일까요, 아니면 대표기도에 감동을 받거나 합심기도 중에 눈물이 흐른 것을 은혜라 할까요?

은혜란 하나님의 말씀을 읽고, 설교를 듣고, 간증을 통해 감동을 받은 뒤, 그것을 삶 속에 적용하여 실천하는 것입니다. 주일에 말씀 잘 듣고 "할렐루야" 하면서도 가정에서 다투고, 교회 봉사로 시험에 들어 버린다면 은혜받은 자가 아닙니다. 바울은 분파를 일삼고 은사를 비교하는 고린도 교인들에게 이렇게 말했습니다. "내가 너희보다 방언도 은사도 더 많이 하지만, 날마다 나를 쳐서 복종하게 하고 나는 날마다 죽노라."

넷째, 영성이 무엇인가를 정리해야 합니다.

영성은 곧 삶입니다. 하나님의 말씀을 따라 신실하

게 살아가는 모습이 참된 영성입니다. 복음서가 쓰여지기 전에 먼저 예수님의 사역이 있었듯, 예수님은 말씀을 이루기 위해 이 땅에 오셔서 행하셨습니다. 사도행전 1장 1절은 "데오빌로여 내가 먼저 쓴 글에는 무릇 예수께서 행하시며 가르치시기를 시작하심부터"라고 기록합니다. 행하고 가르치신 것이 사도행전의 출발점이었습니다. 그리스도인은 그리스도를 따라 사는 사람들입니다.

여러분, 우리는 세상 물질과 명예와 영광을 추구하는 자들이 아닙니다. 우리는 하나님의 자존심으로, 거룩한 명예를 걸고 주님을 따라가는 사람들입니다.

오늘이 내 생애 가장 귀한 날임을 믿으십시오. 오늘 하는 일이 가장 중요한 일임을 기억하십시오. 오늘 만난 사람이 내 생애 최고의 사람임을 믿고, 소망 가운데 열심히 살아가야 합니다. 그럴 때 우리는 복음의 증인으로 서게 될 것입니다.

2023.11.

내 인생 여정 끝날에

사도행전 18장 5절은 이렇게 기록합니다.

"바울이 하나님의 말씀에 붙잡혀 유대인들에게 예수는 그리스도라 밝히 증언하니"

지난 11월 셋째 주, 아내의 고향인 청송 도동에 다녀왔습니다. 아내가 뵙고 싶어하던 몇 분과 동행한 복지사와 함께 몸이 아프신 세 분을 찾아뵈었습니다. 은퇴 장로님의 부인이신 손금자 권사님이 끓여주신 쇠고기국을 함께 나누며 기쁨으로 식사하고 돌아올 수 있었습니다. 또 세 가정에서 흠이 있는 사과라며 네 상자를 챙겨 주셨는데, 감사히 받고 풍성한 은혜로 대구로 돌아왔습니다.

사과 상자는 재질이 좋고 색깔도 입혀진 예쁜 상자와 마분지에 글씨를 쓴 재질이 투박한 상자로 구분이 됩니다. 그러나 상자의 가치는 그 속에 담긴 내용물에 따라 달라집니다. 사과 상자에 더러운 찌꺼기나 오물을 담으면 오물 상자가 됩니다. 그러나 사과 상자에 귀한 보물을 가득 채우면 보물상자가 됩니다. 상자의 가치는 모양이나 재질에 있는 것이 아니라 그 속에 담긴 내용물에 의해 결정되는 것입니다.

 세례 요한은 빈 들에서 낙타 털옷을 입고, 깊은 산 절벽이나 바위틈에서 형성된 석청(벌꿀)과 메뚜기를 먹으며 경건한 삶을 살며 사람들에게 회개하기를 외쳤던 인물입니다. 당시 사람들은 세례 요한이 선지자들이 예언한 메시야일 것이라고 생각했습니다.
 그러기에 사도행전 13장 25절에 보면 요한이 그 달려갈 길을 마칠 때 "너희가 나를 누구로 생각하느냐"고 유대인들에게 묻습니다. 달려갈 길을 마칠 때란 말은 헬라어 드로모스(δρόμος)인데 인생 여정을 마친다는 의미입니다. 즉, 인생의 막을 내리는 순간에 세례 요한은 오직 하나님 나라를 위하여 헌신과 경건, 하나님의 말씀으로 자기의 삶을 가득 채웠다는 것입니다
 그리고 이어진 말이 " 나는 그리스도가 아니라(절대 아니다) 내 뒤에 오시는 이가 있으니 나는 그 발의 신발 끈을 풀어 드릴 자격도 없는 사람이다." 라고 하

였습니다.

바울이 복음을 전하던 고린도는 당시 무역과 음란이 가득한 도시였습니다. 고린도의 '아프로디테(비너스)' 신전에는 신에게 바쳐진 천 여명의 창녀가 있었는데 이들의 종교의식에서 성행위는 공공연한 의식이었습니다. 그러니 얼마나 타락한 도시인가를 알 수 있습니다.

그러나 바울은 이런 도시에서 복음을 전할 때, 고린도전서 1장1-2절에 "형제들아 내가 너희에게 나아가 하나님의 증거를 전할 때 말과 지혜의 아름다운 것으로 아니하였나니 내가 너희 중에서 예수 그리스도와 그가 십자가에 못 박히신 것 외에는 아무것도 알지 아니하기로 작정하였음이라"라고 고백했습니다. 바울이 로마에서 참수형을 당할 때까지 그가 아시아와 유럽으로 다니며 전한 복음의 핵심은 오직 십자가의 예수님만 그리스도라는 사실이었습니다.

시드니의 한 거리에서 바람이 부나 비가 오나 한 자리에서 복음을 전하는 한 노신사가 있었습니다.

그가 전한 복음의 권면은 단 세 마디였습니다.

"실례합니다." "예수님을 믿으십니까?"

"오늘 밤에 돌아가신다면 천국에 갈 준비가 되셨습니까?"

2011년 베네수엘라 대통령 차베스가 암 선고를 받고 1년 9개월 만에 극심한 고통을 받던 중 심장마비로 사망하였습니다. 그가 임종 직전 자신의 병상을 지키던 경호실장인 호세 오르넬라 장군에게 마지막 남긴 말은 단 두 마디였습니다.
"I don't want to die. Please don't let me die…"
나는 죽기 싫어. 나를 죽게 내버려두지 마…
절대적인 권력을 가지고 자기 마음대로 살았는데도 불구하고 삶에 대한 미련이 얼마나 컸으면 그런말을 하면서 숨을 거두었을까요?

우리는 각자 자신의 인생을 써 내려가는 작가입니다. 인생이라는 상자에 무엇을 담을지는 우리의 선택입니다. 오물로 가득한 허무한 인생이 될 수도 있고, 보화이신 예수 그리스도로 채워 복된 인생이 될 수도 있습니다. 때로 잘못된 길을 걸었더라도 역전의 은혜로 우물 상자가 금상자가 될 수도 있습니다.
이제 달력 한 장만 남은 연말, 나뭇가지에 흔들리는

낙엽처럼 우리 인생의 끝도 다가옵니다. 금년 남은 시간을 잘 가꾸시기를 축복합니다. 우리 인생 여정 끝날에 "할렐루야"가 울려 퍼지기를 기도합니다. 메리 크리스마스!

   2023.12.

2024년

1월   새해, 걸어가야 할 길

2월   나는 정말 열납되는 예배를 드리고 있는가

3월   심지가 견고한 사람

4월   주 예수보다 더 귀한 것은 없네

5월   5월이 되면 생각나는 사람들

6월   이과수 폭포 앞에서 생각난 원로 목사님

7월   선교는 하나님의 소원

8월   쉼과 가족

9월   결단의 시간

10월   가을에는 기도하게 하소서

11월   나그네 (Pilgrim)

12월   빛으로 오신 주님 앞에

새해, 걸어가야 할 길

새해라고 하지만 사실 어제 뜬 태양이 오늘 뜨고, 오늘 뜬 태양은 내일 다시 뜹니다.

헬라어의 시간에는 '크로노스(χρόνος)'와 '카이로스(καιρός)'라는 두 단어가 있습니다. '크로노스'는 해가 뜨고 지면서 결정되는 시간으로 지구가 공전하면서 봄, 여름, 가을, 겨울이 찾아오는 시간으로 역사가 흘러가는 시간을 말합니다. 반면 '카이로스'는 때가 찬 시간, 구체적인 사건을 경험하고 그 사건과 그 삶의 의미를 경험하는 시간으로 하나님의 계획이 실현되는 시간을 뜻합니다.

그러므로 새해는 단순히 흘러가는 시간이 아니라, 세월을 아끼며 구체적인 삶의 경험과 나를 통한 하나님의 계획이 실현되는 카이로스의 시간이 되도록 하여야 할 것입니다. 그렇다면 우리의 삶은 어떻게 가장 의미 있게, 하나님의 계획 안에 맞추어 채워질 수 있겠습니까?

먼저, 그 나라와 의를 구하는 삶입니다.

"너희는 먼저 그의 나라와 그의 의를 구하라. 그리하면 이 모든 것을 너희에게 더하시리라"(마 6:33).

작년 쉼터의 생수(쉼터교회 월간지) 12월 책자속에 '한 여성이 맨 처음 할 일'이란 묵상 글에서 이런 말씀이 있었습니다. 어떤 여성이 하루를 시작하기 위해 그날 해야 할 일들을 기록하며 적어 내려갔는데 주된 내용이 아이들 학교 데려다주기, 글 편집하기, 사무실 청소, 전략팀 계획...등등 이었습니다. 업무가 끝나면 '완료'라고 체크하다가 열여덟 번째 항목에 이르러서야 비로소 내게 하나님의 도우심이 필요하다는 것을 깨닫게 됩니다. 그리고 위에 언급한 마태복음 6장 33절 말씀을 떠올렸습니다.

그러합니다. 먼저 그 나라와 의를 구하는 삶, 우리 모두는 삶의 출발점을 하나님의 영광에 가장 먼저 초점을 맞추어야 합니다.

둘째, 성경 말씀을 가슴에 담고 걸어가야 합니다.

우리 마음이 비어 있으면 제대로 일을 할 수 없고 방향을 잃어버립니다. 이와 같이 말씀이 없는 삶은 나

침반을 잃은 항해와 같습니다.

지난달 좋아하는 후배 목사가 찾아와 여러 가지 목회 이야기를 하면서 점심을 나누고 4시간 정도 담소하다 헤어졌는데 그때 그 후배 목사가 이런 이야기를 하였습니다.

"목사님, 개척 때부터 지금까지 새벽마다 말씀을 읽으며 설교를 준비했는데, 어느새 80독 가까이 되었습니다. 지금은 설교를 기록하다 보면 성경 전체가 이쪽에서 저쪽에서 내 머리와 마음속으로 막 날아오고 연결됩니다. 절대 자랑은 아닙니다."

그 고백이 충분히 이해되었습니다. 저는 계속 열심히 하라고 권면하였습니다.

모든 성경은 하나님의 감동으로 된 것으로, 우리가 살아가는데 길이 되고 등이 되어 우리를 인도하십니다. 말씀은 살아있기에 우리의 영과 혼을 관절과 골수를 찔러 쪼개며, 영적 네비게이션이 되어 우리를 이끕니다. 그러므로 말씀을 많이 읽고 듣는 일은 반드시 필요합니다.

셋째, 기도하면서 걸어가야 합니다.

기도는 영적 호흡입니다. 순경에는 교만하지 않고

감사하게 하며, 역경에서는 홍해를 건너고 요단강을 건너며 여리고성을 돌파하는 힘을 줍니다. 기도는 만사를 변화시키는 능력입니다.

그러므로 우리가 한 해를 바르게, 성공적으로 살아가려면 기도에 성공해야 합니다. 주님처럼 새벽 미명에 한적한 곳에 나가 기도하는 습관을 가지고, 성령 안에서 무시로 기도하며 마음과 영으로 드리는 기도를 사모해야 합니다.

왜냐하면 기도하는 자에게 하나님의 도우심이 임하기 때문입니다. 시편 121편 1-2절은 "내가 산을 향하여 눈을 들리라 나의 도움이 어디서 올까 나의 도움은 천지를 지으신 여호와에게서로다"라고 말씀합니다.

또 데살로니가전서 5장 16-18절은 "항상 기뻐하라. 쉬지 말고 기도하라. 범사에 감사하라 이것이 그리스도 예수 안에서 너희를 향하신 하나님의 뜻이니라"라고 선포합니다.

기도는 하나님의 뜻이며, 기도하는 자에게 하나님의 도우심이 임합니다.

넷째, 전도하며 살아가야 합니다.
다니엘 12장 3절은 이렇게 말씀합니다.

"많은 사람을 옳은 데로 돌아오게 한 자는 별과 같이 영원토록 빛나리라"

서울 충현교회 원로목사님이신 신성종 목사님은 신학자이자 훌륭한 목회자이십니다. 그분이 천국과 지옥을 8일 동안 경험하고 기록한 책, 『내가 본 천국과 지옥』 속 간증 가운데 기억에 남는 말씀이 있습니다.

신 목사님이 본 천국에는 가운데 흰 보좌가 있고, 그 앞에는 어린양 되신 주님이 계셨습니다. 네 생물과 24장로(구약의 열두 지파와 신약의 열두 사도)가 주위에 서 있었으며, 천군 천사들이 보좌를 둘러싸고 찬양하고 있었습니다. 그 자리에서 보좌에 가장 가까운 곳에는 복음을 위해 순교한 자들이 있었고, 그다음에는 전도를 많이 한 이들, 곧 선교사들이 있었다고 합니다.

사도 바울도 말합니다.

"너는 말씀을 전파하라 때를 얻든지 못 얻든지 항상 힘쓰라"(딤후 4:2).

그렇다면 새해, 우리가 붙잡아야 할 네 가지는 분명합니다.

- 먼저 하나님 나라와 의를 구하는 삶

- 말씀을 가슴에 담는 삶
- 기도에 힘쓰는 삶
- 전도하는 삶

이 네 가지를 뼈대로 잡고 올 한해를 살면서 살을 붙여 갈 때, 2024년은 승리하는 한 해가 될 것임을 축복합니다.

2024.1

나는 정말 열납 되는 예배를 드리고 있는가

제가 처음 예수 믿고 예배드린 지가 48년이 되었습니다. 그런데 예배를 통해 나는 얼마나 변했으며, 지금 나는 하나님 앞에 열납되는 예배를 드리고 있는가 하는 질문이 던져집니다.

요한복음 4장에는 사마리아 수가성의 한 여인 이야기가 나옵니다. 그 여인은 결혼을 다섯 번이나 실패하고, 한 남자에게 의지해 살아가며 사람들의 눈을 피해 고단한 삶을 살았습니다. 성전에 나가 예배드릴 수 없는 처지였고, 율법적으로 비난받는 대상이었습니다. 그 여인은 남들이 없는 한낮에 물을 길으러 와야 했습니다.

그런데 놀라운 점은, 그 여인 안에 예배에 대한 갈망이 있었다는 것입니다. 그는 어느 날 수가성으로 찾아오신 주님과 대화하다가 묻습니다.

"우리 조상들은 이 산에서 예배하였는데 당신들의 말

은 예배할 곳이 예루살렘에 있다 하더이다"(요 4:20).

이 질문의 배경은 솔로몬 이후 나라가 남북으로 갈라진 역사에 있습니다. 남쪽은 솔로몬의 아들 르호보암이 다스렸고, 북쪽은 솔로몬의 신하였던 여로보암이 집권하였습니다.

여로보암은 불안했습니다. 절기와 안식일이 되면 백성들이 남쪽 유다의 예루살렘 성전에 가서 제사를 드렸기 때문입니다. 만약 백성들의 마음이 남쪽으로 기울면 자기 왕권이 위태로워질 수 있다고 생각했습니다.

그래서 여로보암은 벧엘과 단에 금송아지를 세우고 "이것이 너희를 애굽에서 인도해 낸 하나님이다"라며 예배하게 했습니다. 또한 자기 뜻대로 제사장들을 세우고, 그 주도 아래 예배를 드리게 했습니다. 참으로 어리석은 일이었습니다.

세월이 흐르면서 북이스라엘은 사마리아 그리심산에 제단을 세우고, 거기서 예배드리며 "예루살렘에서 드리는 것은 가짜다"라고 주장했습니다. 반대로 남유다는 전통을 지켜 예루살렘 성전에서 예배드리며 "이것이 진짜다"라고 맞섰습니다.

이처럼 예배의 장소가 논쟁의 중심이 되었고, 사마

리아 여인도 그것을 궁금해했던 것입니다.

그때 주님께서 말씀하셨습니다.

"여자여, 내 말을 믿으라. 이 산에서도 말고, 예루살렘에서도 말고, 아버지께 예배할 때가 이르리라"(요 4:21).

너희가 장소를 놓고 싸우는데, 장소를 우상시하는 관계로 진작 하나님을 잊어 버렸다는 것입니다. 하나님 아버지 이외에 절대시하는 것은 그게 무엇이든지 하나님 아버지께 예배하는 것이 아니라는 것입니다.

아무리 경건한 모습이라도 참된 예배가 될 수 없습니다. 예배드리는데 가장 중요한 것은 지금 이 예배를 하나님 아버지께 드리는가에 초점이 맞춰져야 하는 것입니다.

사마리아 사람들은 성경도 일부만 받아들였습니다. 모세오경만 성경이라 하고, 선지서와 역사서는 버렸습니다. 이유는 선지서에는 메시아가 다윗의 후손으로 온다고 기록되어 있었기 때문입니다. 성경을 그대로 두면 여로보암이, 자신들의 가짜 정체가 드러나기에 성경을 잘라 버린 것입니다. 결국 사마리아 사람들은 선지서가 있는지, 역사서가 있는지 모르고 예배를 드렸고 주님은 "너희는 알지 못하고 예배한다"고 말씀하셨습니다.

주님은 사마리아 여인에게 유다지파 다윗의 계보를 통해서 메시아 -그리스도가 오신다는 것을 여인에게 가르치셨습니다. 그리고 이렇게 말씀하셨습니다.

"아버지께 참되게 예배하는 자들은 영과 진리로 예배할 때가 오나니 곧 이때라 아버지께서는 자기에게 이렇게 예배하는 자들을 찾으시느니라 하나님은 영이시니 예배하는 자가 영과 진리로 예배할지니라"(요 4:23-24).

하나님은 영이시므로 보이지 않으십니다. 그 하나님께 온 마음을 다하여 영(프퓨마-$\pi\nu\varepsilon\acute{\upsilon}\mu\alpha$)으로 예배를 드리십시오. 또한 진리로, 곧 말씀과 진정성으로 예배해야 합니다. (알레데이아-$\alpha\lambda\eta\theta\varepsilon\acute{\iota}\alpha$-이 말은 진리란 뜻도 있지만 '참된', '진정성'이란 의미가 있다.)

그러므로 예배의 본질은 화려한 예배당, 잘 준비된 찬양대, 완벽한 장비에 있지 않습니다. 농촌의 작은 교회, 섬마을의 몇 사람 모임, 도심의 개척교회, 큰 도시에 있는 교회, 어디에서든 영과 진리로 드려지는 예배를 하나님께서 받으십니다. 그런 예배를 통해 하나님은 교회를 새롭게 하시고 은혜와 복을 더해 주십니다.

따라서 예배란 나를 부인하고 내 주권을 내려놓으며, 하나님만을 섬기는 것입니다. 내 삶의 모든 자리에서 하나님을 우선순위에 두고, 영과 진리로 드릴 때 은혜와 변화는 계속됩니다.

  2024.2.

심지가 견고한 사람

세상은 고난과 죄악이 넘쳐나는 곳입니다. 이 환난과 곤고한 일이 많은 세상에서 승리하는 삶을 살기 위해서는 심지가 견고한 사람이 되어야 합니다.

먼저, 심지가 견고한 자가 되려면 믿음으로 흔들림이 없는 사람이어야 합니다.
이사야 26장 3절에 말씀하십니다.
"주께서 심지가 견고한 자를 평강하고 평강하도록 지키시리니, 이는 그가 주를 신뢰함이니이다."
표준새번역에는 "주님, 주님께 의지하는 사람들은 늘 한결같은 마음을 가진 사람들입니다"라고 되어 있습니다. 여기서 심지가 견고한 자란 히브리어로 '예체르 사무크'인데 견고한 마음, 하나님만을 굳게 붙잡고 의지하는 마음상태를 말합니다. 반대로 마음이 흔들리는 이유는 두 마음을 품기 때문입니다. 야고보서 1장

8절은 "두 마음을 품어 모든 일에 정함이 없는 자로다"라고 말합니다. 두 마음은 곧 의심과 불신을 의미합니다. 하나님을 온전히 믿지 못하는 마음입니다.

이런 예화가 있습니다. 나이아가라 폭포 상류에서 배를 타던 두 청년이 뒤집혀 물에 휩쓸려 내려가고 있었습니다. 사람들이 굵은 밧줄을 던지며 잡으라고 외쳤습니다. 한 청년은 떠내려가던 뗏목을 붙잡았지만 결국 폭포에 떨어져 죽었습니다. 그러나 다른 청년은 밧줄을 붙잡았고, 사람들의 도움으로 육지로 끌려 나와 살았습니다. 그 청년은 굵은 밧줄을 던지고 끈을 잡으라고 소리를 지르는 사람들을 믿었습니다. 이렇듯 믿음이란 이처럼 하나님의 밧줄을 붙잡는 것입니다.

오직 믿음으로 구원받고, 믿음으로 하나님과 관계를 맺으며, 믿음으로 살아가는 것입니다.

둘째, 심지가 견고한 자가 되기 위해서는 말씀에 붙잡힌 사람이 되어야 합니다.

예레미야 17장 9절에 "하나님을 멀리한 사람의 마음은 만물보다 거짓되고 부패한 마음이라"고 하였습니다. 그러므로 자기 마음을 믿는 사람은 미련한 사람입니다 (잠 28:26).

구약의 요셉은 심지가 견고한 믿음의 사람이었습니다. 아브라함, 이삭, 야곱 또한 흔들리지 않고 신앙의 지조를 지켰습니다. '심지가 견고하다'는 말은 바로 이처럼 일편단심으로 주님을 향해 변치 않는 마음을 뜻합니다.

역사 속에서도 그러한 예를 볼 수 있습니다. 고려 말, 이성계가 새 왕조를 세우려 하던 때 나라 안은 혼란에 빠져 있었습니다. 이방원은 정몽주를 회유하려 하며 이렇게 노래했습니다.

"이런들 어떠하며 저런들 어떠하리, 만수산 드렁칡이 얽혀진들 어떠하리."

그러나 정몽주는 이렇게 답했습니다.

"백골이 진토 되어 넋이라도 있고 없고, 임 향한 일편단심이야 변할 줄이 있으랴."

정몽주는 끝내 뜻을 굽히지 않았고, 선죽교에서 순절했습니다. 한 번 마음을 주면 변치 않는 충신의 모습에서 우리는 교훈을 얻습니다. 오늘 우리도 예수 그리스도께 드린 마음을 흔들림 없이 지켜야 합니다.

세 번째, 주님을 신뢰하는 사람이 되어야 합니다.

이사야 26장 4절에 "너희는 여호와를 영원히 신뢰

하라 주 여호와는 영원한 반석이심이로다." "너희는 영원토록 주님을 의지하여라. 주 하나님만이 너희를 보호하는 영원한 반석이시다."

신뢰하라는 것은 믿고 확신하라는 뜻입니다. 지금 우리가 겪는 어려움은 인내가 필요한 자리입니다. 견디고, 믿고, 계속 말씀을 붙들고 기도하는 자에게 하나님은 반드시 은혜를 베푸십니다. 그 과정에서 우리는 하나님의 영광을 보게 되고, 기도의 응답을 경험하게 됩니다.

마지막 나팔소리 울릴 때까지 끝까지 참고 기다리는 자가 새 하늘과 새 땅에 들어가며, 승리의 개가를 부르게 될 것입니다. 심지가 견고한 자만이 끝까지 승리합니다.

2024.3.

주 예수보다 더 귀한 것은 없네

　예수님의 고난주간 중 수요일은 '침묵의 날'로 알려져 있습니다. 그날 특별히 하신 일이 기록되어 있지 않기 때문입니다. 그래서 이날은 주님께서 깊은 묵상과 기도로 마지막 사명을 준비하시며, 십자가를 지기 위해 마음을 다지신 날로 생각됩니다.

　이규현 목사님의 이야기에 이런 장면이 있습니다. 몽골 울란바토르에서 자동차로 19시간 걸리는 시골 마을로 가던 길, 고비 사막에서 버스가 고장이 났습니다.

　불빛 한 점 없는 사막에서 너무나 난감한 상황이었는데, 버스에서 내린 사람들이 캄캄한 밤하늘 지평선의 이쪽 끝에서 저쪽 끝까지 하늘을 가득 덮은 별빛이 고비 사막을 비추고 있는걸 보게 됩니다. 일행은 별빛과 침묵이 들려주는 마음의 소리와 아름다움에 취합니다. 인간의 불빛이 사라진 곳에서 빛을 발하던 별빛과 침묵이 들려주는 마음의 소리가 맞닿았던 것입니다.

오늘 우리는 '소음의 시대'를 살고 있습니다. 곳곳마다 탄식소리, 피켓을 들고 "물러나라", "살려내라" 소리 높여 외치고, 서울 용산 대통령 집무실 앞에는 아침부터 저녁까지 스피커 소리가 끊이지 않는다고 합니다. 주변 상인들은 불안과 공포로 인해 장사를 접고 이사하기도 했다는 뉴스를 접했습니다. 그러나 이런 시대일수록 고비 사막의 별빛과 침묵을 경험한 사람들처럼 모든 소음을 멈추고 하나님 앞에 서는 시간이 필요합니다. 내가 주인 삼은 것을 내려놓고, 주님만 주로 고백하는 자리로 나아가야 합니다.

요한복음 11장 54절에 의하면, 주님은 십자가를 지시기 전 "유대인 가운데 드러나게 다니지 아니하시고, 빈 들 가까운 곳인 에브라임에 가서 제자들과 함께 머무르셨다"고 기록합니다. 역사가 요세푸스에 의하면 에브라임은 예루살렘에서 북동쪽 약 32km 떨어진 작은 촌락입니다. 이름 그대로 '빈 들', 곧 광야 가까운 곳입니다. 오늘날 엘타이벨과 동일한 곳으로 보이는데 이곳은 광야나 사막을 의미하고 성경에는 한적한 곳으로 번역되어 있습니다. 이름 그대로 '빈 들', 곧 '광야(에레모스, eremos)'가 가까운 곳입니다.

예수님은 십자가를 앞두고 광야로 가셨음을 알 수 있습니다. 광야는 나무 한 그루, 풀 한 포기조차 보이지 않기에 하나님을 바라볼 수 있고, 자기 자신을 깊이 성찰할 수 있는 곳입니다.

예수님의 공생애는 광야에서 시작되었습니다. 유대 광야는 낮에는 용광로 같은 뜨거운 태양을 피할 수 없고, 밤에는 몰아치는 한기를 막을 길이 없는 곳입니다. 사람이 거주할 수 없는 그곳은, 그러나 하나님을 생각하고 자신을 돌아보기에 더없이 좋은 자리였습니다.

엔토슈샤크는 그의 책 『사해의 언저리』에서 이렇게 기록했습니다. 광야에 사는 사람들은 대부분 증오심에 사로잡혀 있거나, 하나님의 심판에 대한 공포에 얽매여 집단 수도 생활을 하는 자들이었습니다. 또 어떤 이들은 탐심에 붙잡혀, 상인들이 물자를 운반할 때 숨어 기다리다 탈취하는 도적과 강도로 살았습니다. 그야말로 광야는 세상의 축소판이었습니다. 탐심에 노예가 되어 사는 자들, 불확실한 미래와 심판에 대한 두려움에 얽매여 자신과 타인의 삶을 올무와 족쇄로 묶고, 쉬지 않고 세상을 정죄하며 살아가는 사람들이 한데 어울려 있었습니다.

이제 공생애를 마무리하려는 시점에 예수님은 나병

환자 시몬의 집에서 제자들과 함께하시며, 그들을 광야로 인도하셨습니다. 세상의 축소판과 같은 그 광야에서, 제자들은 도적처럼 탐심으로 가득한 사람들, 증오심으로 세상을 뒤엎으려는 열심당원들, 심판의 공포에 사로잡혀 수도 속에 갇힌 사람들을 보게 되었습니다.

예수님은 제자들에게 말씀이 아닌 인간의 탐심, 증오심, 공포심으로는 세상을 구원할 수 없음을 가르치셨습니다. 그것들은 오히려 자신과 타인을 함께 파멸로 몰아넣는 독약에 불과하다는 것을 깨닫게 하셨습니다. 오직 하나님의 사랑만이 사람을 살리고 세상을 구원할 수 있음을 그들의 마음에 깊이 새겨주신 것입니다.

예수님은 제자들에게 하나님의 사랑만이 세상을 구원할 수 있음을 가르치셨습니다. 그렇다면 오늘 우리 역시 모든 탐심과 소음을 내려놓고, 오직 "주님만이 가장 귀하다"는 고백으로 살아가야 합니다. 이 고백을 평생의 노래로 삼은 한 사람의 이야기가 있습니다.

1928년 미국이 불황으로 허덕일 때, <조지 베버리쉬>란 청년도 어쩔 수 없이 대학을 중퇴하고 보험회사에 근무하게 되었습니다. 어느 날 우연히 NBC 공개홀에서 노래를 불렀다가 커다란 호응을 얻고 방송국으로부터 정기 출연 제의를 받았습니다. 그것은 돈과 명예가 보장된 것이었습니다. 기뻐 어쩔 줄 몰라 하며 집으로 돌아와 어머니께 그 소식을 알렸지만 침묵하며 생각하시던 어머님은 아들에게 종이 쪽지를 한 장 내주셨습니다. 그 위에는 이렇게 적혀 있었습니다.

"주 예수보다 더 귀한 것은 없네. 이 세상 부귀와 바꿀 수 없네. 영 죽을 내 대신 돌아가신 그 놀라운 사랑 잊지 못해. 세상 즐거움 다 버리고 세상 자랑 다 버렸네. 주 예수보다 더 귀한 것은 없네. 예수밖에는 없네."

어머니가 건네 준 시에 감동을 받은 조지는 이 시에 직접 작곡을 한 후(찬송가 94장) 메마른 심령을 뒤흔드는 바리톤이 되어 세계 도처에서 수많은 사람들에게 생명을 전하는 일생을 살았습니다.
2024.4.

5월이 되면 생각나는 사람들

 개나리가 피고 벚꽃이 만발하더니 라일락 향기 속에 봄은 소리 없이 사라지고, 어느새 낮에는 반소매 셔츠를 입는 계절이 되었습니다. 창문을 열고 바라본 공원 앞 놀이터에서는 엄마 손을 잡고 장난치는 아이가 무척 행복해 보입니다.

 5월입니다. 5월이 되면 고향이 생각나고, 이곳저곳에서 결혼 소식이 들려오며, 어머니와 아버지가 더욱 그리워지는 계절입니다. 그러나 제게 아버지는 늘 아쉬움과 그리움으로 남아 있습니다. 어린 우리들과 어머니를 뒤로하고 아버지는 산으로 가버리셨습니다.

 소크라테스 형을 만나지 못하셨는지, 석가모니와 담판을 짓지 못했는지 아버지는 끝내 돌아오지 않으셨습니다. 목탁 소리만 요란한 팔공산 은혜사 암자에서, 보고 싶은 당신은 오지 않으셨습니다. 언젠가 불도들의 곡소리와 향내음 속에서, 아버지는 영영 우리 곁을 떠나셨습니다. 그래서 미운 아버지, 당신을 보고 싶고 묻고도 싶습니다.

"아버님이시여, 어찌 되었소. 주님은 만났소? 진리를 깨달았소? 주님을 만났느냐 말이요...어찌할꼬..."

고생하던 어머니를 생각하면 눈물이 납니다. 삼 남매를 위해 집을 지키고, 먹이고 입히고, 큰아들은 군에 보내고 외동딸은 대학을 포기하고 예식장에서 일하게 하고, 건강치 못한 몸으로도 전심을 다해 동생과 저를 공부시키시고 뒷바라지하셨습니다. 그래서 5월이 되면 더욱 '울 엄마'가 생각납니다. 눈이 오면 눈 맞을세라, 비가 오면 비 젖을세라, 험한 세상 넘어질세라, 늘 사랑으로 울먹이던 어머니가 그립습니다. 나훈아가 저와 같은 시간에 있었는가 생각이 듭니다.

이 원고를 쓰고 있는 저는 4월 29일 주일예배를 드리고 미국과 브라질, 멕시코로 떠납니다. 사모 수련회와 신학교 졸업식, 그리고 국제 횃불 사모 수련회 대회장으로 설교하기 위해 가게 되었습니다. 그래서 어린이주일, 어버이주일을 성도들과 함께하지 못하게 되었습니다. 대신 권사님들께 부탁드려 부모님들께 자은 선물을 준비해 드리고, 교회학교도 자체적으로 은혜롭게 준비하도록 하였습니다.

  또한 5월은 제게 특별한 달입니다. 아내와 제가 결혼한 날이 5월 7일이기 때문입니다. 우리 장모님과 아내는 청송 도동교회 출신이고, 나는 대구 제이교회 출신이었습니다. 청송 도동교회 배인규 목사님이 도동교회 담임목사로 계시다가 대구 제이교회 부목사로 오셨는데 장모님이 혼기가 찬 딸을 위하여 제이교회로 찾아와서 중매를 부탁하시게 되었고, 신앙의 열정이 불타는 신학생이던 저와 대봉교회 여전도사였던 아내는 둘 다 주의 일을 위해 헌신하기로 준비된 사람들이었습니다. 그래서 주님을 위해서라면… 하는 마음으로 만난 지 한 달여 만에 결혼하게 되었습니다. 대봉교회 결혼식에서 부른 찬송은 579장「어머니의 넓은 사랑」이었습니다.

  "어머니의 넓은 사랑 귀하고도 귀하다. 그 사랑이 언제든지 나를 감싸줍니다. 내가 울 때 어머니는 주께 기도 드리고 내가 기뻐 웃을 때에 찬송 부르십니다."

  찬송이 울려 퍼질 때, 하객들 가운데서 훌쩍이는 소리가 들렸습니다. 저와 아내도 눈물을 흘렸습니다. 남편 없이 자녀를 키워 오신 두 어머니의 눈물이었습니다. 사실 우리의 결혼은 '어머니의 넓은 사랑' 위에 세워진 가정이었습니다. 그 후부터 목회에 전념하며 살아왔습니다. 당시 동기 목사들이 열심히 교회 일을 하면서 해외 여행을 많이 하였는데 우리는 큰 교회 부목사로 일하다 보니 개인적 시간이 없었습니다.

어느 날, 아내가 "우리는 언제 해외 한번 가느냐?"고 불평 아닌 불평으로 이야기 하였을 때, 저는 "20년만 기다려라. 미국 구경시켜 줄게." 하였는데 아내는 (가소로운지?) 웃었습니다. 미국은 둘째 치고 가까운 이웃 나라라도 갔으면 하는 마음이었을 겁니다. 그런 중에 부목으로 일하다가 시지지역에 교회를 개척하여 지나다 보니 더욱 움직일 시간이 없었습니다.

결국 20년 뒤, 아내를 비롯한 10여 명의 목사님들이 미국행 델타 비행기를 타게 되었습니다. 목회학 박사 공부를 3년 동안 하고, 영신의 김소영 총장과 함께 미국 리젠트 대학원에 목회학 박사 학위를 받기 위해 미국 행 비행기를 타면서 나이아가라 폭포와 워싱턴, 뉴욕, 샌프란시스코 등을 둘러볼 기회가 생긴 것입니다.

공교롭게도 2003년 5월 7일, 결혼기념일에 비행기를 탔는데, 승무원들이 결혼기념일을 축하하며 우리

부부를 VIP 자리로 안내해 주었던 기억은 지금도 특별합니다.

교회를 개척하면서 우리는 맞추었던 금반지를 헌납하고 모든 것을 교회에 드렸습니다. 그렇게 전전긍긍하며 살아온 세월 속에서도, 하나님의 은혜와 성도들의 사랑으로 오늘에 이르렀습니다. 이제 다시 미국·브라질·멕시코 선교 여행을 떠나게 되었고, 이번 여정에도 5월 7일 결혼기념일이 포함되어 있습니다. 은혜입니다. 교회 당회와 성도들의 사랑과 배려와 하나님의 은혜입니다.

5월이 되면 부모님과 결혼기념일을 잊을 수 없습니다. 해서 이번에는 아내에게 작은 금반지와 가벼운 목걸이를 하나 준비하였습니다. 다소 위로가 될런지…

2024.5.

이과수 폭포 앞에서 생각난 원로 목사님

　국제 횃불 사모기도회 사모님들과 몇몇 목사님들과 함께 오랫동안 기도하고 기다렸던 머나먼 미국, 멕시코, 남미 브라질의 선교 현장과 원어민 신학교. 이곳들을 돌아보기 위해 여행을 겸한 사모 수련회가 16박 17일이라는 긴 일정으로 준비되었고 설레는 마음으로 에어프리미어 비행기를 탔습니다.

　하늘에서 아내와 함께 앉아 먹는 기내식은 어느 유명한 레스토랑에서 먹는 것보다 즐거웠고 맛있었습니다. 장장 11시간 비행 끝에 LA 공항에 도착하여 호텔에서 여장을 풀고 시내를 둘러보았습니다.

　이튿날에는 정세광 목사님이 운영하는 California Arts University에서 오리엔테이션을 하고, 게티빌라 미술관과 산타모니카 해변에서 여행의 기쁨을 누렸습니다. 추운 날씨에도 사진 찍느라 추위도 잊었습니다.

　함께한 최종순 권사님이 사주시는 커피를 마시며

추억을 마무리하고 우리 일행은 호텔로 돌아와 피곤을 풀었습니다.

다음날 LA 공항에서 브라질의 상파울로 향했습니다. 12시간의 비행으로 피곤하고 다리에 쥐가 났습니다. 그래도 긴 비행시간 동안에 졸업식에 쓸 축사와 특강, 설교를 마무리 할 수 있었습니다. (목사라는 직업은 어떤 상황에서도 말씀을 전하는 준비를 해 놓아야 함을 늘 경험합니다.) 브라질 상파울로에 도착하자 정 목사님이 준비한 신학교에 연계된 곳에 짐을 풀고, 신학교 담당자들이 마련한 맛있는 식사와 과일로 은혜로운 시간을 가졌습니다. 아름다운 휴양지에 야자수, 푸른 잔디를 바라보며 사모님들은 즐겁게 피로를 풀었습니다.

다음날, 스케줄에 따라 국내선 비행기를 타고 이과수로 이동하여 꿈에 그리던 세계 최대의 폭포를 눈앞에서 보게 되었습니다.

이곳에서 만감이 교차하면서 느낀 하나님의 잊을 수 없는 은혜가 하나 있습니다. 하나님은 20년 전에 믿음으로 내뱉은 말도 기억하시고 이루시는 하나님이셨습니다. 이곳 브라질은 정세광 목사님이 지난 캐나다 수련회때 "다음은 브라질에서 수련회를 합시다."라고 말씀하셨던 곳이었습니다. 그 일이 정말 현실로 이루어져 경험하게 되었던 것이고 세계 최대의 폭포, 이과수도 보게 되었던 것입니다. 국제 햇불 사모회를 통하여 받은 은혜가 크고 주님이 역사하신 일이 많다는 생각이 들었습니다.

일행이 이과수 폭포앞에 들어서자 모두 함성이 터졌습니다. 떨어지는 물소리, 폭포의 수가 연결되어 장관을 연출하고 장엄한 폭포가 물안개를 일으키며 무지개를 만들어 내는 모습은 그야말로 신비였습니다.

높이 70미터, 폭 2.7킬로미터에 이르는 이과수 폭포는 다리 힘이 없으면 구경을 다 못할 정도입니다. 따로 걷는 코스를 만들어 두었는데 폭포의 중앙에, 폭포 가운데로 걸어가서 위험해 보이지만 물을 덮어쓰고 고함을 치며 노래를 부르는 세계 각지에서 모인 사람들이 사진을 찍느라 바빴습니다.

폭포 앞에 서있으니 우리 가정을 위해 기도해주시고 내가 몸 담아 일했던 대봉교회의 원로목사 故 박맹술 목사님이 생각났습니다. 목사님은 귀한 목회자요, 대구에서 교회를 크게 부흥시키시고 총회장까지 하신 깊은 영성을 가지신 분이십니다. 목사님이 목회를 하는 도중에 사모님이 아프실 때면 이따금씩 연락하셔서 우리 집사람을 찾으시곤 했습니다. 와서 사모님을 좀 돌봐 달라고 부탁하시곤 하셨고, 서울 출장이나 교계 일이나 말씀을 전하러 가실 때, 아내는 아버지 같으신 목사님을 생각하며 정성껏 기쁨으로 사모님을 돌보아 드렸습니다.

그러한 원로목사님이 브라질 이과수 폭포 앞에서 생각난 이유는 목사님의 간증 때문입니다. 은퇴 후 투병하시며 기도 중에 주님이 보여주신 환상 간증을 들려주신 적이 있는데 그 내용이 이렇습니다.

주님께서 하늘의 집을 보여주셨는데, 이과수 폭포 옆에 작은 개집이 있었다 합니다. 원로목사님은 충격을 받아 하나님께 여쭈었습니다.

'일생을 주님을 위해 일했는데, 이과수 폭포 옆 개집이라니요?'
그러자 주님이 말씀하셨습니다.
'너는 내 영광을 네가 다 받고, 내가 받을 대접도 다 받았다. 그러므로 네게 돌아갈 상급이 없다.'

물론 여기엔 상징적인 의미가 있고, 목사님을 사랑하셔서 마지막을 복되게 하시기 위한 환상으로 믿습니다. 그래서 목사님은 마지막으로 가진 사택과 전 재산을 모두 대봉교회에 헌납하시고, 교우들에게 용서를 구하시고 마지막 고별 설교에서 주님이 보여주신 간증을 하며 복음을 전하시다가 천국에 가셨습니다.

이과수 폭포, 그 장엄한 폭포를 맞이하며 놀라움과 감격에 젖었지만 사랑하고 존경했던 아버지 같은 목사님의 간증이 떠올라 마음이 무거워졌습니다. 그리고 브라질 사모 세미나때에 원로 목사님에 대한 간증을 하였습니다. 이과수 폭포를 보면 늘 제 가슴에는 한 가지 질문이 메아리 칩니다.

'정말 나는 하나님을 바로 믿고 있는가?'
'마지막 주님 앞에서의 삶을 생각하고 사는가?

2024.6.

선교는 하나님의 소원

아프리카 오지에서 선교사가 되기 위해 1년간 언어 훈련만 받던 한 청년 스티븐이 있었습니다. 그러나 그는 본격적인 사역을 시작하기도 전에 열병으로 세상을 떠나고 말았습니다. 마지막 순간, 그는 이렇게 고백했습니다.

"나는 아프리카 선교를 위한 다리를 놓는 물속의 한 개의 돌이 되는 것으로 만족합니다."

그로부터 2년 뒤, 그가 숨을 거둔 집에 선교본부가 세워졌고, 벽에는 이런 글귀가 새겨졌다고 합니다.

"선교는 하나님의 소원이다."

우리 쉼터교회는 1995년 개척 1년 후부터 한 평신도 선교사를 돕기 시작했습니다. 열악한 형편이었지만 '로고스 선교회'를 세워 2007년부터 인도네시아 송광옥 선교사를 통해 교회를 건축하게 되었습니다. 2007

년 4월 16일부터 20일까지, 인도네시아 폰티아낙 엠빠옹 마을의 모리아 쉼터교회(당시 마틴 전도사 시무) 헌당예배에 참여했던 감격과 열정은 지금도 잊을 수 없습니다.

그 이후에도 교회는 김경환 선교사(내몽고), 김복음 선교사(캄보디아), 남계영 선교사(볼리비아), 정지웅 선교사(캄보디아), 정세광 목사(C.A.U 대학, 브라질·멕시코 신학교) 등 여러 선교사님을 후원해 왔습니다. 또 이요셉 선교사(필리핀 은혜교회 개척)와 학교 2동 건축, 탄자니아 모자가정 집짓기(김정호 선교사), 우간다 최태용 선교사, 미얀마 한길로 선교사 등 부족하지만 꾸준히 협력과 기도를 이어가고 있습니다. 최근에는 교회 집사님 한 분이 알뜰히 모은 1,600만원의 헌금을 헌신하여, 콩고 교회 건축이 막바지에 이르고 있습니다. 참으로 감사한 일입니다. (2025년 현재는 콩고 교회 건축이 완성되었고 대구에 영남신학대학원을 졸업한 콩고의 모세 목사가 담임으로 세워졌고 열심히 목회하고 있습니다.)

아래는 2007년 4월 22일, 인도네시아 엠빠옹 모리아 쉼터교회 헌당을 다녀와 주보에 실었던 선교 보고의 일부입니다.

이번 선교 여행은 성도들의 기도와 헌금으로 세운 보르네오 섬의 북서 칼리만탄의 엠빠옹 마을의 모리아 쉼터교회이다. 원래 우리 교회는 칼리만탄의 밀림지역 오지에 은혜교회를 세우려 했는데 종교적 갈등으로 세 차례 무산되었고, 결국 엠빠옹으로 옮기게 되었다. 모리아 교회가 있는 곳은 그나마 도로가 준비되어 있었고 우리가 찾아갔을 때 도로가 닦여진 것이 얼마되지 않았다고 하였다. 엠빠옹은 말레이시아 국경에서 한 시간 거리에 있는 마을이었다.

모리아 교회 헌당예배를 위해 점심도 제대로 먹지 못하고 4시간을 달려갔다. 섭씨 30도가 넘는 한낮이었고 예정된 저녁 7시가 아닌 밤 9시에야 도착했다. 우리가 모리아 쉼터교회 입구에 들어섰을 때, 놀라움 그 자체였다. 온 동네가 발칵 뒤집힌 것 같았다. 마을과 동네 사람들이 마당과 길가로 꽉 들어차 있었고 선교사도 놀라는 듯하였다.

이날 모인 사람들의 수가 400명 정도 되었다. 어디서 다 모였는지 밤이라 확인도 되지 않았지만 선교사님 말씀으로는 주변 교회와 동네 사람들이 다 나온 것 같다는 것이었다. 더욱 놀라운 것은 입당하기 위해 리본 컷팅을 할 때, 그 지역 군수와 이장, 동장도 참석하였다는 사실이다.

나는 교회당 안으로 들어가서 또 놀랐다. 전력이 있지만 교회당 안은 너무 어두웠다. 녹음된 찬양이 신디사이즈를 중심으로 나오고 무선 마이크가 비록 매끄럽지 못했지만 어린아이들의 찬양과 율동, 성도들의 특송은 빛보다 환했다. 마틴 전도사는 검게 그을린 얼굴에 작은 체구였지만 철저하고 조직적으로 예배를 이끌었다. 순서만 세 시간 가까이 이어졌기에 설교는 짧게 전해야 했다. 특별히 박건서 집사(당시)님의 찬양과 이후 기타를 기증하는 시간에 모인 사람들의 박수 소리, 함께 동행한 김미자 권사님과 사모의 박수소리가 더욱 은혜로운 시간이었다. 다만 굉장히 미안한 것은 아이들에게 줄 선물을 준비하지 못했고, 마을 사람들을 위해 잔치를 베풀지 못한 것이 못내 아쉬웠다. 동네 사람들에게 돼지라도 몇 마리 잡아 잔치를 해야 했었는데....

더욱 열심을 내리라.

2024.7.

쉼과 가족

　날씨가 참 변덕스럽습니다. 맑은 날인가 싶으면 폭우가 쏟아지고, 교회 앞 잘 단장된 산책길은 금세 불어난 강물에 잠겨버리곤 합니다. 하천 옆 도로의 굴다리에는 물이 고여 차량 운행이 통제되었다는 문자 메시지가 옵니다. 오늘은 서재에 앉아 에어컨을 틀어도 덥습니다. 대구에는 폭염주의보가 내려져 차량 이동 시 각별히 주의하라는 안내가 있었습니다.

　『그리스도를 본받아』라는 책으로 잘 알려진 토마스 아 켐피스는 이렇게 말했습니다.

　"휴식과 행복은 누구나 갈망하는 것인데, 그것은 근면한 삶에 의해서 얻어진다."

　열심히 일한 뒤 주어지는 휴식이 진짜 휴식입니다. 그리고 주 안에서 가족과 함께 누리는 시간이야말로 가장 좋은 휴가입니다. 우리는 바쁜 삶 속에서도 '여유'를 찾아 행복한 삶을 만들어가야 합니다.

10여 년 전, 두 딸이 결혼하기 전 아내와 함께 제주도로 여름휴가를 간 적이 있습니다. 당시 미국 여행으로 쌓인 마일리지 덕분에 비행기 값은 들지 않았고, 두 딸이 비행기 예약과 숙소, 여행 일정을 준비했습니다.

  아내와 저는 편안한 마음으로 은혜로운 여행을 즐길 수 있었습니다.

  직업이 목사인 나는 전도사 출신의 아내와 함께 교회를 개척하고 오직 교회 일에 붙잡혀 지내오다 보니, 사랑하는 아이들을 제대로 살펴보지 못하고 함께하지 못한 시간들이 많아 늘 마음에 남습니다. 개척 당시 새벽기도는 365일 계속되었고 토요일이면 주일과 설교 준비로 집중이 교회로 쏟아졌습니다. 주일이면 아이들도 예배에 따라오고 큰 딸은 성가대 반주를 맡아 초등학교 때부터 결혼 전까지 늘 봉사에 매여 있었습니다. 그러다 보니 공휴일이나 주말이 없는 가정이었고, 어린 딸들의 마음속에 사랑과 여유를 심어주지 못한 것이 지나고 보니 가슴 아픈 시간입니다.

  내가 조금만 더 지혜롭고 여유 있는 삶을 살았다면 아이들과 이웃들에게 더 따뜻한 사람이 되지 않았을까 하는 마음이 큽니다. 그러나 어제는 이미 지나갔고, 내일은 아직 오지 않았습니다. 오늘이란 날이 주님의 은혜로 우리에게 주어진 시간입니다. 지나간 아픔을 여유 속에서 소망으로 바꾸고, 지난날을 반면교사 삼아 하나님의 사랑과 은혜를 기대하며 살아야 합니다.

　에이브러햄 링컨은 가난 때문에 정규교육조차 제대로 받지 못했지만, 미국 역사상 가장 큰 영향력을 발휘한 대통령이 되었습니다.
　그는 대통령이 되기까지 주지사, 하원의원 선거에서 여러 번 낙선했습니다. 그러나 낙심하거나 원망하지 않았습니다. 오히려 낙선이 확정되던 날, 음식점에서 맛있게 식사하고, 이발소에서 머리를 단정히 하고, 당당히 걸으며 스스로에게 말했습니다.
　"링컨, 힘을 내!"
　그는 더 좋은 것을 예비하신 하나님을 바라보았기 때문입니다.
　쉼은 낭비가 아니라 여유입니다. 쉼은 지나온 삶을 돌아보아 다시 실수하지 않게 하고, 미래를 준비하도록 도와줍니다. 지난 시간의 안타까움을 이번 여름휴가와 쉼 속에서 되돌아보고, 내일을 준비하는 귀한 역전의 기회로 삼으시기를 바랍니다.
　2024.8.

결단의 시간

우리가 살아가는 동안에는 많은 결단이 필요합니다. 이것이냐 저것이냐, 옳은 것인가 잘못된 것인가, 내가 하는 일이 진리에 속하는가 비진리에 속하는가 등, 매일의 삶은 선택과 결정의 연속입니다.

여호수아 24장은 모세의 뒤를 이어 일평생 하나님과 이스라엘을 위해 충성하던 여호수아가, 나이 110세가 되어 마지막 고별설교를 전하며 백성들에게 결단을 촉구하는 장면입니다.

"만일 여호와를 섬기는 것이 너희에게 좋지 않게 보이거든 너희 조상들이 강 저쪽에서 섬기던 신들이든지 또는 너희가 거주하는 땅에 있는 아모리 족속의 신들이든지 너희가 섬길 자를 오늘 택하라 오직 나와 내 집은 여호와를 섬기겠노라 하니" (여호수아 24:15)

사실 이스라엘에게는 선택의 여지는 없었습니다.

그들은 하나님의 은혜로 택함받은 언약의 백성이었기 때문입니다. 그러기에 이스라엘은 하나님밖에 없는 것입니다. 그런데 여호수아가 이 말을 했던 것은 당시 이스라엘 백성들이 너무나 부패했고 교만하며 하나님 말씀에서 벗어났기 때문입니다.

위에서 언급한 여호수아 24:15 본문중에 "조상들이 강 저쪽에서 섬기던 신들이든지" 라는 것은 유브라데 강 건너편 갈대아 우르에서 월신(月神)을 섬겼던, 즉 우상숭배에 빠진 것을 뜻합니다. 또한 "강 이쪽의 신이든지" 라는 것은 애굽의 숫염소를 비롯한 송아지와 같은 음란한 우상을 섬겼다는 이야기 입니다.

그들은 하나님의 은혜로 살아왔지만 보고 듣고 경험한 살아계신 하나님은 간 곳 없고, 우상으로부터 완전히 떠나지 못한 삶을 살고 있었습니다. 여호수아는 죽음을 앞두고 , 백성들이 곧 세속화될 것을 알았기에 마지막 힘을 다해 경고와 권면을 남겼습니다. 그의 결단, "오직 나와 내 집은 여호와를 섬기겠노라"는 백성을 선동하려거나 위협하려는 목적에서 한 말이 아니라 자신의 전 생애를 통해 몸소 체득한 스스로 우러나온 신앙고백이요, 하나님 앞에서 전해야 할 선지자의 말씀이었습니다.

우리 역시 삶의 자리마다 선택의 기로에 섭니다. 건축가가 마지막 서명으로 책임을 지듯, 결혼을 결정하는 순간 평생의 책임이 따르듯, 우리의 모든 선택은 책임과 결부됩니다.

머리카락이 너무 없어 고민하던 대학생이 있었는데, 2년간 아르바이트를 하며 모은 돈으로 머리 심는 수술을 했습니다. 신이 나서 집으로 갔는데 어머니께서 하시는 말씀이 "야야, 군에서 영장 나왔다." 라는 것이었습니다. 타이밍을 잘못 맞춘 우스운 사례이지만, 결단은 때를 따라 지혜롭게 해야 함을 보여줍니다.

성경 속 인물들 가운데 아브라함은 순종의 결단으로 믿음의 조상이 되었고, 다윗은 매 순간 하나님께 묻고 기도하며 선택하여 승리하는 삶을 살았습니다.

반면 아담은 잘못된 선택으로 에덴을 잃었고, 에서는 장자권을 가볍게 여겨 축복을 잃었습니다. 가인은 하나님께 순종하지 않고 동생을 죽임으로 비극의 길을 걸었습니다. 사울왕도 불순종의 선택으로 초대 왕임에도 비참한 최후를 맞았습니다.

사랑하는 여러분, 주님을 위해 한나가 서원하며 드

렸던 결단의 기도, 에스더가 나라를 위해 드렸던 결단의 기도처럼, 우리의 삶도 하나님의 영광을 위하여 결단할 수 있는 시간이 되기를 기도합니다.

  2024.9.

가을에는 기도하게 하소서

주여, 가을에는 더욱 기도하게 하소서.
가을에는 우리의 시선이 더욱
주님께 집중되게 하소서.
맑은 하늘, 선선한 바람 부는 날,
성경을 가까이 삼아 밤이 깊도록 말씀을 읽게 하소서.
나태했던 우리의 마음 허리끈을 졸라매고
오순절 다락방에 임했던
성령의 은혜를 사모하게 하소서.
쉼터교회 성전에, 그리스도인의 가정에
한국교회의 거룩한 연합 모임 위에
성령의 바람, 생기의 바람이 불어와
마른 눈에 눈물샘이 터지며
회개의 은혜가 흘러넘치게 하소서.
2024.10.

『가을에는 기도하게 하소서』

　　　　　　　　　　　- 라이너 마리아 릴케

주여, 때가 되었습니다.

여름은 참으로 위대했습니다.

이제 해시계 위에 당신의 그림자를 얹으시고,

들에 많은 바람을 놓으소서.

마지막 과실에게 결실을 명하소서.

열매 위에 이틀만 더 남국의 햇볕을 주시어 완성되게 하시고,

마지막 단맛이 짙게 포도송이에 스미게 하소서.

지금 집이 없는 사람은 이제 집을 짓지 않을 것입니다.

지금 고독한 사람은 계속 고독하게 살 것입니다.

잠들지 않고 책을 읽고, 긴 편지를 쓰고,

낙엽이 뒹구는 가로수 길을 불안스레

이리저리 헤매게 될 것입니다.

『가을에는 기도하게 하소서』 - 라이너 마리아 릴케 (Herbsttag, 1902)

나그네 (Pilgrim)

나의 닉네임은 '나그네'입니다. 영어로 하면 '순례자', 필그림(pilgrim)입니다. 그리스도인이 된 후, 이 땅에 머물고 있지만 여기는 잠시 지나가는 객지일 뿐입니다. 참된 본향은 저 하늘에 있습니다.

찬송가 483장은 이렇게 노래합니다.

하늘 가는 밝은 길이 내 앞에 있으니
슬픈 일을 많이 보고 늘 고생하여도
하늘 영광 밝음이 어둔 그늘 헤치니
예수 공로 의지하여 항상 빛을 보도다.

우리에게는 하늘로 가는 밝은 길, 곧 영적 가나안이 있습니다. 그러므로 이 세상에서 지나치게 일희일비하지 않아야 합니다. 우여곡절 많은 세상 속에서도 믿음 있는 자에게는 모든 것이 합력하여 선을 이루시는 하나님의 은혜가 있습니다.

29년 전, 대구 동쪽 끝 시지에 이사 와 교회를 개척하며 60평 대지 위에 작은 교회를 세울 때 설렘과 걱정, 기쁨이 교차했습니다. 7개월 동안 매일 밤 편히 잠들지 못했고, 식사조차 제대로 하지 못했습니다. 건축비를 공사 담당자들에게 지급해야 했고, 교회당에 성구와 예배 장비도 준비해야 했으나 새벽과 밤마다 성전에서 기도하는 것 외에는 다른 방법이 없었습니다.

결국 지하 1층, 지상 3층 교회당을 세우고, 소수의 성도와 아이들과 함께 드린 예배는 감격 그 자체였습니다. 그러나 새로 지은 교회당이 완공된 지 1년 반도 지나지 않아 비가 오면 여기저기서 비가 새기 시작했습니다. 식당과 아이들 방마다 대야와 양동이를 놓아야 했습니다. 자금이 부족해 임시 방편으로 대처했으나 완전한 해결은 어려웠습니다. 그럴 때마다 이스라엘 백성들의 광야 생활이 떠올랐습니다. 그들은 순례자, 나그네로서 약속의 땅을 향해 천막을 치고 살았던 것입니다.

비가 내리면 발걸음을 멈추고 긴장하며 기다려야 했지만, 결국 하나님의 은혜로 성도들과 함께 힘을 모아 2010년 고신측 교회를 인수하여 현재의 교회로 이사 오게 되었습니다. 새 교회는 202평 대지에 본당 100평을 갖춘 깨끗한 예배당이었습니다. 그 모든 일이 전적으로 하나님의 은혜였다. 리모델링을 마치고 입당 예배와 임직식을 드릴 때의 감격은 이루 말할 수 없었습니다. 지하 교회에서 벗어나 작은 공원이 있는 곳으로 오게 되니 아침마다 새 소리를 들으며 교회당의 아름다움을 만끽할 수 있었습니다.

그러나 시간이 지나고 보니, 이 교회 역시 비가 오면 문제가 발생했습니다. 1층 입구, 2층 본당 뒤편, 그리고 4층 사택 곳곳에서 빗물이 새기 시작한 것입니다. 이는 교회당 건축 당시 부실 공사 때문이었습니다.

여러 차례 일꾼을 불러 방수를 하며 문제를 해결하려 했지만 여전히 3층 계단과 4층 사택 안쪽, 그리고 종탑이 제거된 세탁기 방에서는 비가 오면 어김없이 빗물이 떨어졌습니다. 자금만 넉넉하다면 대대적인 공사를 하겠지만 지금은 더 나은 때를 기다리고 있습니다. 비가 올 때마다 불안한 마음으로 대야와 양동이를 놓아야 하지만 감사하게도 2층 본당 뒤쪽은 방수를 잘해서 더 이상 비가 새지 않습니다.

어느 날, 빗줄기가 잦아들 무렵 교회 4층 창문을 열고 바깥을 바라보았습니다. 새로 단장된 하천 너머 아파트에 첫째 딸이 남편과 손녀와 함께 살고 있습니다.

예전 두 딸이 함께 교회 지하에서 비가 오면 대야와 양동이를 놓고 지내던 시간이 엊그제 같은데, 이제는 교회를 내려다보며 행복한 삶을 사니 감사할 뿐입니다. 창밖을 바라보며 우리 모두가 이 땅에 잠시 머물다 가는 나그네임을 다시금 깨닫곤 합니다. 이 세상은 마치 광야와 같으며, 우리는 잠깐 머물다 가는 순례자들입니다.

둘째 딸은 서울에서 결혼해 신학대학원을 졸업하고 남편과 함께 목회자의 길을 걷고 있습니다. 바쁜 사역 속에서도 여름휴가 때 대구를 방문하여 조심스럽게 새로운 소식을 전했습니다. 캐나다 토론토로 부목사로 파송되어 부부가 함께 박사 과정을 준비하게 되었다는 소식이었습니다. 이제는 10년 넘게 만나기 힘들지 모른다는 말과 함께 가족사진을 찍었습니다.

인생은 결국 나그네의 길입니다. 하나님의 영광을 위해 살다가 부르심 받는 날, 인생의 여정을 마치고 함께 영원한 본향에서 살게 되기를 소망합니다.

6년 전, 국제횃불 사모기도회가 캐나다에서 열렸을 때 둘째 딸 주영이가 동행하고 싶어 했는데, 당시 임신 중이었고 새 생명이 3-4개월 차였던 시기였습니다. ㄱ

럼에도 함께 캐나다 록키 산맥까지 버스를 타고 이동하며 은혜로운 시간을 보냈었습니다. 사모 수련회에서 정세광 목사님과 함께 찬양 반주로 봉사하며 아침과 저녁마다 하나님께 예배드렸던 시간이 생생한데, 당시 딸 아이가 정 목사님 인도하에 반주하며 불렀던 복음송이 녹화된 영상도 아직 남아 있어 가끔 열어봅니다. 지금 그 딸이 캐나다에서 목회와 학문의 길을 시작하게 되었으니 모든 것이 하나님의 섭리임을 고백하지 않을 수 없습니다.

2024.11.

『예수 인도하셨네』

내 인생 여정 끝내어 강 건너 언덕 이를 때
하늘문 향해 말하리, 예수 인도하셨네
매일 발걸음마다 예수 인도하셨네
나의 무거운 죄짐을 모두 벗고 하는 말
예수 인도하셨네

『예수 인도하셨네』 - John W. Peterson, Jesus Led Me All the Way

빛으로 오신 주님 앞에

　옛날 증기기관차가 정거장에 들어올 때, 수증기를 뿜으며 "뿜뿌" 소리를 내던 장면이 떠오릅니다. 해발 3,000m의 록키산맥 정상 '컴프렉스 정거장'에 증기기관차가 들어오는 모습은 장관이었습니다. 기관차는 그곳에서 점검을 받고 물을 채우며 잠시 휴식을 취한 뒤, 요란한 경적 소리를 울리며 종착지를 향해 다시 달려갔습니다. 이는 마치 한 해의 마지막 달, 성탄을 향해 달려가는 우리의 모습과도 같습니다. 모든 것을 내려놓고 마지막까지 달려가는 시간입니다.

　증기기관차가 화물과 사람을 싣고, 물을 끓이며 고지를 향해 힘겹게 달려가는 모습은 우리의 삶과 닮아 있습니다. 록키산맥을 오를 때에는 다른 기관차가 함께 붙어야만 오를 수 있습니다. 우리 인생도 마찬가지입니다.

　올 한 해 우리는 언덕과 고비를 넘으며 여기까지 왔

습니다. 때로는 낙심과 좌절로 힘이 빠질 때도 많았지만, 그때마다 말씀은 우리를 붙잡아 주었고, 기도는 다시 살아갈 힘이 되어 주었습니다. "큰 산아 스룹바벨 앞에서 평지가 되리라(슥 4:7)" 하는 복음송이 있습니다. 이스라엘 백성들이 바벨론 포로에서 돌아와 스룹바벨 성전을 재건하는 중 방해꾼들이 성전 재건과 신앙을 방해하였으나 하나님의 종 스룹바벨과 믿음의 사람들 앞에서는 그 모든 방해가 사라지고, 성전 준공은 완성되었으며 하나님의 뜻이 이루어졌습니다. 이 복음송은 그런 믿음과 승리를 고백하는 찬양입니다.

이제 12월이라는 종착지에서, 기관차가 점검을 받듯 우리 자신을 돌아보아야 합니다. 혹시 잘못된 것은 없는지, 영혼의 물이 부족하지는 않은지, 신앙의 불은 꺼지지 않았는지, 철로 위에 나뭇잎이나 불타기 쉬운 것들(방해하는 죄악)이 남아 있지는 않은지 세심히 돌아보아야 합니다. 이는 삶의 화재를 방지하기 위함일 것입니다.

구약 마지막 책 말라기서는 중요한 질문을 던집니다. "내가 아버지일진대 나를 공경함이 어디 있느냐 내가 주인일진대 나를 두려워함이 어디 있느냐"(말 1:6).

"너희가 더러운 떡을 제단에 드리고도 우리가 어떻게 주를 더럽게 하였나이까 하도다"(말 1:7).

이 말씀은 오늘 우리에게도 그대로 다가옵니다.

우리가 날마다 하나님을 "아버지"라 부르면서도, 과연 하나님을 온전히 공경하고 두려워하고 있는가?

주님의 이름을 부르면서도 하나님을 가볍게 여기는 모습은 없는가? 하나님을 공경한다고 말하지만, 진정한 경외함과 두려움이 우리 삶 속에 존재하는가?

생각해 봅시다.

"너희가 더러운 떡을 나의 제단에 드리고도 말하기를 우리가 어떻게 주를 더럽게 하였나이까 하는도다 이는 너희가 여호와의 식탁은 경멸히 여길 것이라 말하기 때문이라" (말 1:7).

우리는 하나님 앞에 나아가 예배를 드리면서 열납되는 예배가 되고 있는가?

내가 드리고 있는 것이 상한 것, 병든 것이 아닌가를 되돌아 보아야 합니다.

나의 시간을 온전히 드리는가? 나의 헌금이 하나님

앞에 열납되는 것인가? 주일을 얼마나 준비하며 신령과 진정으로 드려지고 있는가?
　나의 기도가 신실하게, 진정으로 하나님과의 아름다운 대화가 되고 있는가?

　그러고 보니 하나님을 공경 한다거나 하나님께 드리는 시간, 물질, 모든 것이 병든 것이 많고, 허물이 많음을 봅니다. 그러면서 내가 마치 하나님을 잘 믿고 있고 예배의 삶에 아무런 문제가 없는 것처럼 스스로를 안심시키며 살고 있지는 않은 지 돌아보게 됩니다.

　말라기의 어둠의 시대를 지나, 빛으로 오신 메시야 예수 그리스도를 우리는 성탄절마다 기쁨으로 기억합니다. 성탄 트리의 불빛과 교회 앞 별을 보며, 만왕의 왕 되신 구세주를 다시 바라봅니다. 이 은혜로운 때에 형식적 신앙을 회개하고, 빛으로 오신 주님을 진정으로 맞이해야 합니다.
　동방박사들이 하늘의 별을 보고 참된 왕이 탄생하심을 알고, 경배하기 위해 먼 길을 떠나 별의 인도함을 받으며 예루살렘까지 오게 되었을 때, 그들은 황금과 유향, 몰약을 예물로 가지고 왔습니다. 고대 근동지역에서는 높은 사람을 만날 때 바로 이러한 예물을 드리곤 했다고 합니다. 많은 주석가들은 이 예물 가운데 황금은 메시야의 왕권을, 유향은 예수님의 신성을, 몰약은 그리스도의 수난과 죽음을 상징한다고 해석해 왔습니다. 칼빈은 이 예물들이 왕과 제사장, 그리고 그분의 장사되심을 각각 상징한다고 했습니다.

우리는 신령과 진정으로 드리는 예배를 준비하고, 빛으로 오신 주님을 영접하며, 우리 또한 빛된 삶을 살아가는 자로서 열납되는 삶을 살기를 소망합니다. 12월의 종착지에서 2025년 새로운 역사를 향해 나아가며 증기기관차의 경적 소리를 떠올리듯 영적 록키산맥을 오를 준비를 하기를 원합니다.

메리 크리스마스! 주님의 은혜와 평강이 가득한 성탄이 되기를 기도합니다.

2024.12.

2025년

1월   영적 마라톤

2월   재앙과 두려움 앞에서

3월   어느 날 문득

4월   내가 걷는 이 길은 (출 3:1-5)

5월   행복한 가정 (엡 5:22~33)

6월   헛된 것과 영원한 것 (전 1:2)

7월   한 밤중의 카톡 (잠 25:25)

8월   하나님의 예선 (삼상 16:1, 7, 12-13)

9월   시선의 방향 (시편 121:1-2)

10월   지나온 30년, 가야할 30년

영적 마라톤

저는 등산을 자주 가지는 못합니다. 간혹 교회나 목회자 모임, 해외여행에서 산행을 하게 되면 숨을 헐떡이며 열심히 코스를 따라 완주할 때가 있습니다. 그럴 때마다 규칙적인 운동과 건강 관리를 소홀히 했구나 생각이 들때가 많습니다.

그래도 학창 시절의 저는 마라톤을 곧잘 했던 것 같습니다. 개교기념일이나 운동회 날이면 마지막 종목으로 마라톤을 했습니다. 고등학교 때 각 반 대표로 출전해 여러 번 경주를 했습니다. 나보다 키 크고 체격 좋은 친구들이 많았지만, 왜소했던 나는 이를 악물고 끝까지 달렸습니다. 마라톤은 힘듭니다. 운동장 한 바퀴 400m를 열바퀴 돌면 4km 입니다. 뛰면서 침을 뱉으면 침이 떨어지지 않을 정도로 숨이 가쁘고 다른 학생들이 경쟁적으로 달리니 멈출 수 없어 죽기 살기로 달려야 했습니다. 얼굴이 붉어지고 숨이 가빠와도 우리 반의 자존심을 생각하며 끝까지 달렸습니다. 결국 나는 쓰러지기 직전까지 달려 동메달, 3등을 했습니다.

  2025년 새해를 맞이하며 우리 모두는 장단기 계획을 세우고 보람찬 한 해를 이루기를 소망합니다. 그러기 위해서는 마음을 단단히 먹고 영적 마라톤을 해야 합니다. 힘들고 어려워도 사도 바울처럼 뒤의 것은 잊어버리고 푯대를 향해 달려가야 합니다. 쉼터교회도 마찬가지입니다. 목회의 계획은 이미 세워져 있고, 우리가 달려가야 할 길이 정해져 있습니다.

  이 길을 승리하기 위해 매일 성실히 감당해야 할 세 가지 일이 있습니다. 그것은 모세 시대 성막 안 성소에 있던 세 가지 임무입니다.

  첫째, 떡상 관리입니다.

  성소에 들어가면 오른쪽에 있는 떡상이 두 줄로 6개씩, 열 두덩이 떡을 진열하는 작업을 성실히 감당해야 합니다. 그 떡을 매 안식일마다(7일) 갈아주고 제사장들이 거룩한 곳에서 먹어야 합니다. 이 떡은 말씀을 나타냅니다. 그렇습니다. 우리가 한 해의 성공적인 삶을 살 수 있는 것은 세상의 철학이나 명언, 신문 사설로 되지 않습니다. 성공적인 삶을 살려면 성소인의 띡,

곧 하나님의 말씀을 매일 먹어야 합니다. 정한 시간과 분량으로 말씀을 읽고, 감동된 말씀을 기록하며 묵상해야 합니다. 그리고 그 말씀을 붙잡고 우리의 길을 주님께 물어야 합니다. 이것이 성공의 비결입니다.

둘째, 촛대 점검입니다.

성소안에는 왼쪽에 촛대(등대)가 있는데 매일 점검해야 합니다. 등대는 정금 한 달란트로 만들어졌는데 가운데 한 줄기가 있고, 양편에 각각 세개의 가지가 있고 각 줄기마다 일곱 잔이 있는데 살구꽃 형상으로 만들어 졌습니다. 등대는 아침과 저녁마다 감람 기름을 부어 불을 꺼뜨리지 않도록 했습니다. 이는 성령 충만을 상징합니다.(출 27:20-21) 이것은 성령 충만을 항상 점검하라는 영적 교훈을 주고 있으며 우리는 늘 깨어있어 기도하여야 합니다. 에베소서 5장 18절은 "오직 성령의 충만을 받으라"고 권면합니다. 촛대(등대)는 주님을 나타내고, 오늘날 교회를 보여줍니다. 일곱 촛대 사이로 다니시는 주님의 모습(계1:13)을 보게 되고 우리 성도가 세상을 살아가는 동안 주님의 빛을 따라 세상에서 등불의 역할을 다해야 합니다.

셋째, 분향단입니다.

분향단은 기도의 단을 의미합니다. 성소 안쪽, 지성소 앞에는 분향단이 있었습니다. 아침과 저녁으로 향을 피워 성소에 가득 채우는 것이 제사장의 임무였습니다. 만일 분향이 중단되면 제사장이 문책 되었습니다. 신약 시대의 성도는 모두 제사장의 자격을 얻었기에 우리는 매일 아침과 저녁, 끊임없이 하나님께 기도해야 합니다. 하루를 시작 하기 전에 기도하고, 하루를 마친 후 기도합니다. 우리는 끊임 없이 하나님께 기도하여야 합니다. 하나님 백성들의 임무 중 가장 큰 임무는 기도이기 때문입니다. 그리고 가정이나 교회에 기도의 향연을 충만케 하여야 합니다. 향연이 보좌에 올라가고 번개와 지진으로 떨어지는 것이 성전에서 부정과 부패의 악취가 없어지고 신성한 은혜가 주어지는 것입니다. 시편 121편은 말합니다. "나의 도움이 어디서 올까, 나의 도움은 천지를 지으신 여호와에게서로다." 기도하는 자에게 하나님의 도우심이 임합니다.

사랑하는 여러분! 2025년이 우리 앞에 주어졌습니다. 인생의 성공과 승리의 비결은 예수 그리스도를 바라보는 데 있습니다. 떡상을 통해 말씀이 공급되기를,

촛대를 통해 성령 충만하기를, 분향단을 통해 기도의 향연이 끊이지 않기를 바랍니다. 쉼터교회의 모든 성도가 기도의 응답을 받고, 보석 같은 일꾼으로 세워지기를 소망합니다.

2025.1.

『오늘 집을 나서기 전 』

오늘 집을 나서기 전 기도했나요
오늘 받을 은총 위해 기도했나요
기도는 우리의 안식, 빛으로 인도하리
앞이 캄캄할 때 기도 잊지 마시오
나의 일생 다가도록 기도하리라
주께 맡긴 나의 생애 영원하리라
기도는 우리의 안식, 빛으로 인도하리
앞이 캄캄할 때 기도 잊지 마시오

「오늘 집을 나서기 전 」 Mary A. Kidder 작사, William O. Perkins 작곡

재앙과 두려움 앞에서

 우리가 살아가다 보면 생각지 못한 슬픈 소식과 어려움, 고난이 주어질 때가 있습니다. 그럴 때마다 인간은 좌절하고 두려워하며 떨게 됩니다. 전남 무안 공항의 비행기 사고는 181명을 태운 제주항공 여객기 사고로, 179명이 사망하여 온 나라를 어둡게 하며 충격을 주었습니다.

 그런가 하면 러시아와 우크라이나 전쟁에 러시아를 돕기 위해 파병된 북한군의 평균 나이가 21세라는 보도가 있었습니다. 가장 어린 나이는 18세였습니다.

 김정은 독재에 의해 파병된 젊은이들이 전쟁에 투입되는 줄도 모르고 갔다가, 우리 정부의 정보에 따르면 1,100명이 사망했고 우크라이나 정부 발표로는 3,000명에 이른다고 하니 참으로 슬픈 소식입니다.

 또 LA 산불로 인한 피해는 캘리포니아 일대 7개 지역을 포함해 우리나라 여의도 면적의 2.5배가 불타는 참사를 일으켰습니다. 사망자 16명, 실종자 13명, 대피 인원 15만 3천 명, 강제 대피령에 따른 16만 6천 명의 대피, 건물 피해는 1만 2,300여 채 소실, 재산 피해는 약 88조 원(잠정 집계)에 이르렀습니다. 아직 불길이 잡히지 않고 있다는 보도가 이어지니, 그야말로 대재앙이라 할 수 있습니다.

  금년 초, 교회에서 21일간 특별 새벽기도회를 하면서 욥기서를 묵상하며 기도하고 있습니다. 욥은 동방의 의인으로 알려져 있으며, 우스 땅에 살던 그는 흠이 없고 정직하여 하나님을 경외하며 악에서 떠난 자였습니다. 아들 일곱과 딸 셋, 양 7천 마리, 낙타 3천 마리, 겨릿소 500쌍, 암나귀 500마리를 두었고, 종도 아주 많았습니다. 그는 동방에서 으뜸가는 부자였습니다. 행복을 누리며 살아가던 복 받은 사람이었습니다.

  그런데 하루는 일꾼 하나가 욥에게 달려와 다급히 말했습니다. "우리가 소를 몰아 밭을 갈고, 나귀들은 근처에서 풀을 뜯고 있는데, 스바 사람들이 갑자기 들이닥쳐 가축들을 빼앗아 가고, 종들을 칼로 쳐 죽였습니다. 저 혼자만 살아남아 주인어른께 소식을 전합니다." 또 다른 종이 급히 달려와 비보를 전했습니다.

"갈대아 사람 세 무리가 갑자기 낙타 떼를 습격해 모두 끌어가고, 종들을 칼로 쳐 죽였습니다. 저 혼자만 살아남아 주인어른께 전합니다."

또 다른 사람이 달려와 말했습니다. "주인어른의 아들딸들이 큰아드님 댁에서 음식을 먹으며 포도주를 마시고 있는데, 갑자기 광야에서 강풍이 불어 집 네 모퉁이를 내리쳤습니다. 집이 무너져 젊은이들이 모두 죽었습니다. 저 혼자만 살아남아 주인어른께 소식을 전합니다."

세상에, 이런 환란이 어디 있겠습니까. 하루 사이에 우양 가축과 낙타 3천 마리를 빼앗기고, 아들 일곱과 딸 셋을 강풍으로 잃게 되다니, 욥은 애통하고 통곡할 일이었습니다. 그러나 놀라운 것은 욥이 그 소식을 듣고 취한 행동입니다. 욥기 1장 20절에 따르면 그는 겉옷을 찢고 머리털을 밀고 땅에 엎드려 예배를 드렸습니다.

겉옷을 찢는 것은 당시 귀족들이 극심한 비탄을 나타내는 행위였습니다. 옷이 찢어지듯 마음이 찢기며, 죽은 이들과 자신을 동일시하는 아픔을 보여주는 것이었습니다. 머리를 민 것도 갑작스러운 재난에 대한 애통함의 표현이었습니다. 그러나 욥은 불평하지 않고 에

배드렸습니다. 그리고 이렇게 고백했습니다. 욥기 1장 21-22절입니다. "내가 모태에서 알몸으로 나왔사온즉 또한 알몸이 그리로 돌아가올지라. 주신 이도 여호와시요 거두신 이도 여호와시오니, 여호와의 이름이 찬송을 받으실지니이다."

성경은 덧붙입니다. "이 모든 일에 욥이 범죄하지 아니하고 하나님을 향하여 원망하지 아니하니라."

놀라운 말씀입니다.

더 나아가, 사탄이 욥을 시험하여 발바닥에서 정수리까지 종기가 나서 그가 질그릇 조각으로 몸을 긁을 지경이 되었습니다. 그 모습을 본 욥의 아내는 이렇게 말했습니다. "그래도 자기의 온전함을 굳게 지키느냐? 하나님을 욕하고 죽으라"(욥 2:9). 욥의 아내의 신앙은 어디로 갔단 말입니까? 욥과 함께 자녀 열 명을 낳고, 조석으로 제물을 드리며 하나님께 예배드렸을 터인데 말입니다.

그러나 욥은 이렇게 고백합니다. 욥기 2장 10절입니다. "그대의 말이 한 어리석은 여자의 말 같도다. 우리가 하나님께 복을 받았은즉 화도 받지 아니하겠느냐." 성경은 덧붙입니다.

"이 모든 일에 욥이 입술로 범죄하지 아니하니라."

링컨은 어려움과 실패, 낙선으로 낙심할 때 우울증이 그를 두렵게 만들었습니다. 그때마다 어머니가 물려준 성경을 펼쳐 읽으며 힘을 얻었다고 합니다. 특히 손때가 가장 많이 묻은 부분은 시편 43편이었습니다. 시편 43편 5절은 이렇게 말합니다.

　"내 영혼아 네가 어찌하여 낙심하며 어찌하여 내 속에서 불안해 하는가. 너는 하나님께 소망을 두라. 그가 나타나 도우심으로 말미암아 내 하나님을 여전히 찬송하리로다."

　바라기는 우리 성도들이 고난과 역경이 많은 세상을 살아가면서 욥처럼 정직하고 하나님을 경외하며 신실하게 살기를 원합니다. 비보가 들릴 때에도 예배자의 모습으로 엎드리고, 입술로 범죄하지 않고 원망하지 않으며, 낙심하지 않고 하나님께 소망을 두고 산다면… 욥처럼, 링컨처럼 은혜를 입고 승리자가 되리라 믿습니다.

　2025.2.

어느 날 문득

　어느 날 문득, '느티나무'에 관한 글을 읽었습니다. 느티나무는 크고 우람한데 열매가 없다고 합니다. 수명이 200년이 넘고 나무는 우람하고 든든하며 위용과 위엄을 자랑하지만, 단 하나의 맺어지는 열매가 없다는 사실입니다. 느티나무는 이타적인 삶을 사는 나무가 아니었습니다.
　반면 포도나무, 복숭아나무, 사과나무는 농부에 의해 봄부터 가꾸어지고, 무더운 여름 뙤약볕을 지나 가을이면 달고 맛있는 과일이 주렁주렁 열매 맺습니다.
　결국 이런 나무들은 이타적인 삶을 살아가는 나무들입니다.
　교회 입구의 라일락 나무는 오래되어 가지가 처지면서 부러질 듯하여 두꺼운 작대기로 받쳐 지탱하고 있습니다. 모양은 이제 볼품없지만, 매년 4월 중순이 되면 새벽부터 너무나 아름다운 향기를 발하여 주변을 향기롭게 합니다. 그 내음이 교회 입구 화장실을 지나 2층 입구까지 스며들면 얼마나 감사한지 모릅니다.

그래서 저는 라일락 나무를 좋아합니다. 꽃이 필 때면 아침저녁으로 교회를 출입하며 꽃잎을 만져보곤 합니다. 그때마다 향기가 조금씩 다르다는 것도 느낍니다. 아쉬운 것은 라일락의 향기가 한 달을 채 가지 못한다는 사실입니다. 비가 오면 꽃잎이 떨어지면서 그 향기롭던 내음도 서서히 사라져 버립니다. 얼마나 아쉬운지 모릅니다. 다시 그 향기를 맡기 위해서는 1년을 기다려야 합니다. 라일락 나무의 사명은 바로 4월의 향기를 발하여 사람들을 기쁘게 하고 사랑을 전하는 것이겠지요.

전도사가 되어 경주 불국사 입구의 구정교회에서 사역하던 때가 생각납니다. 성도는 약 500명에 이르는 교회였고, 여러 좋은 분들이 많았습니다. 그중에 도자기 도공이신 장인 집사님이 계셨습니다. 심방을 갔을 때, 그분은 도자기를 만들 때 흙의 중요성과 마음가짐, 그리고 불의 온도를 설명해 주셨습니다. 가마에 불을 지피고 도자기를 굽는 과정을 시연해 보이셨는데, 한복을 입고 머리에 끈을 두른 채 정성을 다하는 모습이 참으로 인상 깊었습니다.

얼마 후, 가마에서 꺼내신 도자기는 참으로 아름다웠습니다. 청자, 백자, 달항아리와 같은 작품들이었습니다. 그런데 놀라운 것은, 그중 몇 개를 주저 없이 깨뜨려 버리시는 것이었습니다. '아까운데, 저걸 나에게 주시지…' 하는 생각이 들었지만, 도공은 마음에 들지 않거나 조금이라도 흠이 있는 도자기는 과감히 버린다고 하셨습니다. 완전한 작품만 남기기 위함이었습니다.

지금 다시 나 자신을 돌아봅니다. 지난 세월 동안 내가 남긴 것이 무엇이며, 맺은 열매가 있는가?
 이타적 삶을 살지 못하고 날마다 전전긍긍하며 살아온 모습에 마치 내 자신이 열매 없는 느티나무가 된 것 같습니다. 봄부터 수고한 농부들이 나무나 밭에서 열매를 거두는 기쁨을 가지는데, 그 과일과 열매들은 자기를 위한 것이 아니고 타인을 위해 희생하는 것임을 생각하면 말입니다. 도자기를 정성껏 굽던 집사님의 모습, 마음에 들지 않는 도자기는 주저 없이 깨뜨리던 결단의 모습을 보면서도, 교역자의 삶에서 바른 결단을 다하지 못한 지난날의 아픔이 제 마음속에 남아 있습니다.

저는 가수 '에녹'을 좋아합니다. 성경 속 에녹은 아담의 셋째 아들 셋의 6대손이며, 노아의 증조할아버지입니다. 그 이름을 선교사가 지어주었다고 전해집니다. 그래서인지 더 친근하게 느껴집니다. 그가 부른 노래 가운데 "어느 날 문득"이라는 곡이 있습니다. 그 노래는 자신을 돌아보며 다 내려놓지 못한 연약함과 후회를 고백하는 듯 들립니다.

우리의 남은 생애도 그렇습니다. 라일락처럼 향기를 남기고, 가을에 열매 맺는 삶이 되어야 합니다. 그리고 마침내 사도 바울처럼 고백해야 합니다.

"나는 선한 싸움을 싸우고 나의 달려갈 길을 마치고 믿음을 지켰으니 이제후로는 나를 위하여 의의 면류관이 예비되었으므로 주 곧 의로우신 재판장이 그 날에 내게 주실 것이며 내게만 아니라 주의 나타나심을 사모하는 모든 자에게도니라"(딤후 4:7-8).

2025.3.

내가 걷는 이 길은 (출 3:1-5)

장신대 김운용 교수의 설교 컨설팅 서두에는 이스라엘의 롭쉬츠라는 성읍 이야기가 나옵니다. 그 성읍 외곽에는 부자들이 큰 저택을 짓고 살고 있었는데 그 중에 랍비 '납달리'라는 사람이 있었습니다. 어느 날 밤늦게 납달리가 성읍을 둘러싼 숲 근처를 거닐다가 한 순라군이 왔다 갔다 하는 것을 보게 되었습니다. 랍비가 물었습니다. "누굴 위해 걷고 있소?", "아무개 부자의 집을 지키고 있습니다." 순라군은 대답을 마치고 되물었습니다.

"그런데 랍비께서는 누구를 위하여 걷고 계십니까?" 이 말이 랍비의 마음을 파고들었습니다.

여러분! 누구를 위해 지금까지 걸어오셨습니까?

지금 누구를 위하여 걸어가고 계십니까?

오늘 본문은 시나이 반도 남쪽에 있는 '호렙산(시내산)'에서 일어난 이야기입니다. 당시 모세는 나이 팔십이었는데, 40년 전만 하더라도 애굽의 옥좌에 앉을 뻔했습니다. 그러나 애굽 사람을 죽인 일이 발각되어 급히 도망쳐 나온 곳이 바로 호렙산 근처였습니다. 거기서 '십보라'라는 처녀를 만나 자식을 낳고 장인 '이드로'의 양을 치며 쓸쓸하게 보내는 외로운 늙은이가 되었습니다. 그러던 어느 날, 호렙산 기슭의 가시덤불에 불이 붙었습니다. 불이 붙으면 재가 되기 마련인데, 가시덤불은 타들어가지 않고 불만 계속 타오르고 있었습니다. 이상히 여겨 가까이 가던 순간, 음성이 들려왔습니다.

"모세야, 모세야!"

하나님께서 나타나신 것입니다. 여기서 "나타나시니라"는 말은 '주목하다'는 뜻을 담고 있습니다.

나이 사십에 애굽에서 도망쳐 나온 모세는, 나이 팔십이 되기까지 양이나 치며 힘없는 늙은이로 전락했다고 스스로 생각했습니다. 지난 사십 년의 삶은 헛된 인생이라 여겼습니다. 그러나 하나님은 모세를 버리지 않으시고 여전히 주목하고 계셨습니다. 잊지 않고 지켜보고 계셨습니다. 그리고 말씀하셨습니다.

"이제 내가 너를 바로에게 보내어 너로 내 백성 이스라엘 자손을 애굽에서 인도하여 내게 하리라(출

3:10)"

　모세는 호렙산에서 새로운 결단을 하게 됩니다. 그것은 믿음의 결단이었고, 부름받은 사명의 길이었습니다. 그는 소망 없는 삶으로 양떼를 이끌며 이 골짜기 저 골짜기를 양 떼의 울음소리를 들으며 꿈이 꺾인 삶을 살았습니다. 미모의 부인 십보라와 귀한 두 아들, 우양가축을 거느리며 장인 이드로의 사랑 속에 잘 지내왔었지만 그는 어딘가 외로웠고 가슴 한켠에는 여전히 막힌 것이 있었습니다. 그러나 호렙산 가시덤불 앞에서 하나님의 음성을 듣고, 사명을 받음으로 새로운 길을 걸어가게 되었습니다.

　이제 우리를 돌아봅시다. 지금까지 나는 누구와 더불어 걸어왔는지, 그리고 내 속에 막힌 것이 없는 시원한 비전이 주어지며 남은 인생을 누구와 더불어 걸어가야 하는지, 누구와 함께 가고 있는지, 그것이 과연 사명자의 길인지 점검해 봅시다.

　오늘 내가 걷는 이 길은 어떤 길입니까?

2025.4.

행복한 가정 (엡 5:22~33)

 우리는 꽃밭도, 과일나무도, 마음도, 그리고 가정도 가꾸지 않으면 잡초가 자라고 가시가 돋으며 피폐해집니다. 가정도 잘 가꾸어야 합니다. 돌보고 가꾸지 않으면 행복해질 수 없습니다. 그러므로 가정을 말씀으로 잘 가꾸어야 합니다. 5월은 가정의 달입니다. 이 달에 말씀에 집중하며 행복한 가정이 되도록 힘써야 합니다.

 먼저, 부모가 즐거워하시도록 돌봐 드려야 합니다. "가정의 행복은 부모님의 미소에 비례한다"는 말이 있습니다. 자녀들은 예수님 안에서 부모님을 즐겁게 해드려야 합니다. 무엇을 원하시는지, 무엇이 필요하신지, 용돈은 충분한지, 먹고 싶은 것은 없는지 살피고, 시간을 내어 함께해야 합니다.
 "네 부모를 즐겁게 하며 너 낳은 어미를 기쁘게 하

라"(잠 23:25).

  부모가 즐거우면 가족 전체가 행복합니다. 명심보감에 "자효쌍친락(慈孝雙親樂)이요, 가화만사성(家和萬事成)"이라 하였습니다. 자식이 효도하면 부모가 즐겁고, 부모가 즐거우면 가정이 화목하며, 가정이 화목하면 모든 일이 잘 이루어진다는 뜻입니다. 사실 부모님을 즐겁게 해드리는 것은 어렵지 않습니다. 우리의 말과 손과 마음을 드리면 됩니다.

  다음으로, 남편을 세워주십시오.

  남편이 고개 숙인 사람이 되면 그 가정은 행복할 수 없습니다. 하나님은 남자를 가정의 머리로 세우셨습니다. 에베소서 5장 23절에 남편이 아내의 머리됨이 그리스도께서 교회의 머리됨과 같다고 말씀합니다.

  아브라함에게 꿈을 주셨듯이, 하나님은 남자에게 가정의 미래를 주셨습니다. 남편은 돈 버는 기계가 아니라 하나님의 꿈을 성취하는 자입니다. 그러므로 아내들은 돈, 집, 차 때문에 남편을 무시하지 말고, 범사에 존중하고 세워주어야 합니다.

  유대 격언에 "선한 아내와 결혼한 악한 남편에게는 소망이 있어도, 악한 아내와 결혼한 선한 남편에게는 소망이 없다"는 말이 있습니다.아내가 남편을 신앙의 머리, 축복의 머리로 세워줄 때 남편은 하나님의 꿈을 이루게 됩니다.

성경은 아내의 순종의 이유가 "그 아내의 행위로 말미암아 구원을 얻게 하려 함이니(벧전3:1)"라고 했습니다. 순종하는 가장 큰 목적은 남편의 구원을 위해서입니다. 자신을 주장하는 행위를 억제하고 남편 구원과 행복한 가정을 위해 순종하라는 것입니다. 그렇다고 하여 불신자의 남편이 아내가 신앙을 갖지 못하게 하고 우상숭배를 하는 일과 같이 불의한 것에 무조건 복종하라는 것은 아닙니다. 아내의 행실은 단순한 복종이 아니라, 말없이 보이는 신앙의 모범으로 남편을 변화시키는 힘입니다. 성경은 "너희 단장은 외모로 하지 말고 오직 마음에 숨은 사람을 온유하고 안정한 심령의 썩지 아니할 것으로 하라"(벧전 3:3-4)고 말씀합니다.

셋째, 행복한 가정이 되기 위해서 아내는 사랑받아야 합니다.

안타깝게도 여성부 발표에 따르면, 우리나라의 가정 폭력은 매년 늘어나고 있으며 2023년도 자료에 의

하면 이혼 건수가 92,394건, 이혼율은 아시아에서 2위라고 합니다. 아내는 폭력의 대상이 아니며, 단순히 맞벌이 파트너나 가정부가 아닙니다. 아내는 창조의 꽃이며 가정 행복의 중심입니다.

하와를 본 아담은 "이는 내 뼈 중의 뼈요 살 중의 살이라"(창 2:23)라고 기뻐했습니다. 아내는 남편에게 온 하나님의 복과 은총입니다.

성경은 말씀합니다. "아내를 얻는 자는 복을 얻고 여호와께 은총을 받는다"(잠 18:22) "남편들아 아내 사랑하기를 그리스도께서 교회를 사랑하시고 위하여 자신을 주심 같이 하라"(엡 5:25). 예수님처럼 생명을 바쳐 아내를 사랑하라는 것입니다. 중요한 것은 아내와 많은 시간을 함께하고, 아내를 귀하게 여기는 것입니다. 아내를 사랑할 때, 남편의 기도가 응답됩니다.

특히 "남편된 자들아 이와 같이 지식을 따라 너희 아내와 동거하고 저는 더 연약한 그릇이요 또 생명의 은혜를 유업으로 함께 받을 자로 알아 귀히 여기라 이는 너희 기도가 막히지 아니하게 하려 함이라"(벧 3:7)하였습니다.

아내와 좋은 관계를 가지기 위해서는 지식을 따라 아내와 동거해야 한다(벧 3:7)고 했습니다. 헬라말 가운데 지식이라는 말이 두가지 있습니다. 하나는 '기노스코'라는 말로, 지각과 이해력으로 얻은 지식을 말하며 둘째는 '에피 기노스코'라는 말인데 체험을 통해 인격적으로 얻는 지식을 뜻합니다. 마음과 감정을 알고, 무슨 생각을 하고 사는지 알라는 이야기입니다.

아내가 무엇을 좋아하는지, 그 성품과 감정의 미묘함을 알아야 합니다. 내가 이해한 아내가 아니라 아내의 마음과 생각을 알아야 하는 것입니다. 그리고 아내를 귀히 여겨주십시오. 여인은 신체나 정신적으로 연약한 부분이 있기에 특별한 돌봄이 필요할 수 있습니다. 더군다나 생명의 은혜를 유업으로 함께 얻을 자이기 때문에 귀하고 귀합니다. 생명의 은혜란 영생을 말합니다. 영적인 면에서 남편과 동등하게 영생의 은총을 상속받을 동등한 동반자인 것입니다.

끝으로, 행복한 가정이 되기 위해서는 자녀가 보호받아야 합니다.

요즘 우리의 자녀들은 심각한 문제에 직면해 있습니다. 많은 부모들이 자녀를 하나님께 맡기지 못하고 과잉보호와 과잉 기대를 합니다. 또는 반대로, 아동 학대도 늘어가고, IMF 때부다 더 많은 아이들이 버려지고 있습니다. 고등학생의 25%가 부모와 하루에 단 5분도 대화하지 않는다고 합니다.

성경은 "너희 자녀를 노엽게 하지 말고 오직 주의 교양과 훈계로 양육하라"(엡 6:4)고 말씀 합니다.

자녀는 내 소유가 아니라 하나님의 기업입니다(시 127:3).가정의 행복은 자녀를 하나님께 맡기고 말씀 안에서 양육할 때 가능합니다.

가정의 달 5월에, 부모와 자녀, 부부 모두가 하나님의 말씀에 따라 마음을 새롭게 하고, 서로를 귀히 여기며, 믿음 안에서 가정을 가꾸어 나갑시다. 말씀 위에 세운 가정이야말로 참으로 행복한 가정입니다.

2025.5.

헛된 것과 영원한 것 (전 1:2)

 가장 먼저 피는 1월의 동백꽃, 2월이면 은은한 향기를 풍기는 매화꽃과 달콤하고 상큼한 향의 개나리, 진달래가 피고, 3월이 지나면 이 은은한 향의 진달래와 개나리가 우리의 눈을 즐겁도록 산천을 아름답게 장식 합니다. 특별히 진한 향의 벚꽃은 4월이면 사람들을 들로 산으로 움직이게 합니다. 이때 목련의 풍부한 향기와 살구꽃, 복사꽃의 달콤함에 취할 수 있습니다.
 그런가 하면 교회 앞에 심은 아카시아는 향기를 뿜어내며 화단과 들녘, 산야에 기쁨을 줍니다.

 하나님은 1년 내내 우리의 땀과 세속의 지친 삶, 생존 때문에 저지르는 죄악의 냄새 속에서 그리스도의 보혈로 우리를 씻기십니다. 그리고 5월, 6월에도 한 해의 반년을 철쭉, 영산홍 아카시아, 장미, 자스민 매화 산수유 등을 통해 우리에게 은혜를 주십니다. 성경은 "호흡 있는 자마다 여호와를 찬양할지어다"라고 말씀합니다. 우리는 오직 은혜, 오직 말씀, 오직 감사로 서야 합니다.

꽃들은 신비롭고 아름답게 피어나 우리를 즐겁게 하고, 일곱 빛깔로 사명을 다합니다. 그러나 사흘, 나흘 만에 지기도 하고, 자연 상태에서 개화 수명은 고작 2~3주에 불과합니다. 우리의 인생도 이와 같습니다. 시편 90편 10절은 이렇게 말합니다.

"우리의 연수가 칠십이요 강건하면 팔십이라도 그 연수의 자랑은 수고와 슬픔뿐이요 신속히 가니 우리가 날아가나이다"

2024년 WHO 통계에 따르면 세계 평균 수명은 약 73.33세이고, 한국의 평균 수명은 남성이 약 80.83세, 여성이 약 87.23세입니다. 한국은 전 세계적으로 평균 수명이 높은 편에 속합니다. 그럼에도 불구하고 전도자는 전도서 1장 2절에서 이렇게 고백합니다.

"헛되고 헛되며 헛되고 헛되니 모든 것이 헛되도다" 여기서 '헛되다'는 말의 히브리어는 '헤벨'입니다. 실속이 없고, 속이 비어 있으며, 껍질뿐이라는 뜻입니다. 곧 우리 빈 마음에 하나님이 계셔야 한다는 것입니다.

전도서는 솔로몬이 인생 말년에 기록한 작품으로, 세상의 헛됨을 깨닫게 하고 무신론적 인생에 주는 교훈이요 답입니다. 전도서에는 '허무'라는 단어가 무려 38번이나 나오는데, 이는 구약성경 전체 사용의 절반이 넘는 숫자입니다. 하나님을 떠나 타락의 나락에 빠졌던 당대 최고의 부귀영화를 누렸던 솔로몬 왕은 타락과 좌절을 경험하고, 마침내 이렇게 고백합니다.

"일의 결국을 다 들었으니 하나님을 경외하고 그의 명령을 지킬지어다 이것이 모든 사람의 본분이니라"(전 12:13).

전도서 12장 13절은 인생의 허무함을 철저히 고백한 전도자가 내린 결론으로, 인간의 삶의 목적과 본질은 하나님을 경외하고 그분의 뜻에 따라 살아가는 것임을 강조합니다.

그렇다면 전도자가 말하는 사람의 본분은 무엇입니까?

첫째, 사람의 본분은 하나님을 경외하는 것입니다.(전 12:13). '경외'란 두렵고 떨림으로 섬기는 것을 말합니다. 그러나 이는 공포심이나 불안감이 아니라, 지극한 존경과 경배, 감사와 두려움을 동시에 갖는 경건한 태도를 뜻합니다(시 85:9).

둘째, 하나님의 명령을 지키는 것입니다(전 12:13).

하나님의 명령, 곧 말씀을 지키는 것은 지음 받은 사람이 마땅히 해야 할 일입니다. 여기서 '그 명령을 지키라'는 말씀은 소극적이거나 억지로 하는 것이 아니라, 적극적이고 자원하는 섬김의 자세를 뜻합니다.

셋째, 하나님의 심판을 예비하는 것입니다(전 12:14). 하나님을 주권자로 경외하고 그 명령을 지키는 것이 지혜자의 삶입니다. 하나님은 "모든 행위와 모든 은밀한 일"을 심판하십니다. 남들은 몰라도 하나님은 내 속의 은밀한 것까지 다 아시고 심판하신다는 말씀입니다. 그러므로 우리는 스스로 코람데오 - 하나님 앞에서 - 살아가야 합니다.

헛된 것들을 지나 성경을 보면 영원한 것이 세 가지 나옵니다.

첫째, 하나님은 영원하십니다.

"예수 그리스도는 어제나 오늘이나 영원토록 동일하시니라"(히 13:8).

둘째, 하나님의 말씀은 영원합니다.

"천지는 없어질지언정 내 말은 없어지지 아니하리라"(마 24:35).

셋째, 하나님의 뜻을 행하는 것은 영원합니다.

"이 세상도, 그 정욕도 지나가되 오직 하나님의 뜻을 행하는 자는 영원히 거하느니라"(요일 2:17).

우리 인생의 살 길은 바로 여기에 있습니다. 이 세상도 그 정욕도 다 지나가지만, 하나님의 뜻을 행하면 그것이 영원한 것이 됩니다.

2025.6.

한 밤중의 카톡 (잠 25:25)

사람의 소통은 여러 가지가 있습니다. 옛날에는 마음과 마음을 전하고 중요한 소식이나 꼭 알려야 할 일을 편지를 통해 전달했습니다. 편지는 단순한 종이가 아니라 마음의 선물이었고, 관계를 이어주는 고리였으며, 연인들 사이에는 사랑을 전하는 은혜의 도구가 되었습니다. 그래서 말로는 하지 못한 감사, 사랑, 위로를 글로 담을 수 있었고, 사람들에게 마음의 온기와 감동을 전하여 오래도록 간직되게 하였습니다. 편지는 시간이 지나도 기록으로 남아, 중요한 사건과 감정, 관계의 변화를 되돌아보게 합니다. 오늘날에는 카톡을 통해 더 빠르고 더 쉽게, 전 세계를 향해 즉각 전달되는 소통의 시대가 열렸습니다.

지난 6월 21일(토) 밤에는 비가 많이 내렸습니다. 교회 4층 사택과 계단 사이로 빗물이 떨어져 살펴보았고, 2층 교회도 습한 공기 탓에 창문을 열고 선풍기를 돌리며 환기를 시켰습니다. 비가 그치지 않아 한참을 살펴보다가, 설교 원고를 정리하고 말씀을 보다가 잠자리에 들려던 참이었습니다. 그런데 새벽 1시 30분, 갑자기 "카톡" 소리가 울렸습니다. 캄보디아에서 오랫동안 사역하다가 파송 교회인 미국 뉴욕으로 돌아간 정지웅 선교사였습니다. 우리 교회와도 깊은 연관이 있어 선교 후원금을 매월 보내고, 한국에 올 때면 교회에서 설교하고 성도들과 교제하던, 신실한 선교사였습니다.

"존경하는 박연근 목사님께,

샬롬, 목사님 그동안 평안하셨어요? 사모님도 성도님들도 모두 평안하신지 궁금하고, 또 항상 제 마음속에 따뜻하고 옆에 가까이 계시는 것 같은 마음입니다. 목사님, 최근에 저희 사역에 생각치 못했던 하나님의 인도하심의 변화가 생겼습니다. 2023년 여름에 선교지에서 미국 파송교회로 돌아온 후, 담임 목사님이 은퇴를 하시면 후임으로 훈련받고 있었는데, 올해 초 전혀 생각치 못했던 하나님의 인도하심을 받게 되었습니다.

오하이오 주 콜럼버스에 있는 '콜럼버스 한인교회'인데, 이 교회는 4년 전 담임목사님이 갑자기 소천하시고 성도들 사이에 법적 소송과 분리 개척으로 큰 상처를 입은 교회였습니다. 작년 여름부터 담임목사님의 권유로 주일 설교를 돕게 되었고, 그것이 계기가 되어 이제 저희 가정이 이 교회를 섬기게 되었습니다. 내일 주일예배 중 간단한 취임식을 하게 됩니다. 목사님, 함께 축복 해주시고 기도해 주세요. 때가 되어 주님 앞에 섰을 때 부끄러움 없이 성도를 사랑하고 섬길 수 있도록 함께 기도해 주시면 정말 큰 힘이 될 것을 믿어요. 저희 부부가 할 수 없는 성령의 은혜가 함께 하시길 간절히 소망합니다. 또 목사님과 사모님, 쉼터교회 모든 성도님들을 생각하며, 감사함으로 기도 드립니다.

늘 사랑하고 감사드리는, 정지웅 목사 드림 "

정지웅 선교사는 사역을 마치고 한국에 돌아와 우리 교회에서 먼저 설교하며 교제를 나눈 바 있습니다. 이후 미국으로 돌아가 부목사로 섬기기로 하였지요.

연세대학교를 졸업하고 미국에서 박사학위를 받았으며, 선교의 열정과 영성이 탁월한 분이었습니다. 그래서 제가 교회 은퇴 후를 생각하며 당회에 의논한 적은 없지만 "우리 교회가 여러 면에서 부족하지만 정지웅 선교사님이 부임해 주시면 참 좋겠다"는 마음으로 부탁드린 적이 있었습니다. 그때 선교사님은 "하나님께 기도하겠습니다"라고 응답하셨습니다.

새벽에 카톡을 받고 저는 곧 답장을 보냈습니다.

"오, 정지웅 목사님! 소식이 반갑습니다.

하나님께서 정 목사님을 사랑하시고 선한 길, 광야의 길로 인도하심을 느낍니다. 좋은 자리나 편안한 교회를 찾지 않고, 선교지에서도 복음 사역에 헌신하며 하나님의 인도를 기다려왔는데, 이제 상처 입은 콜럼버스한인교회에 담임으로 부름을 받게 된 것은 하나님의 섭리요 은혜입니다.

바라기는 우리가 가는 길이 좋은 장막, 궁전, 솔로몬의 성전이 아니라 광야의 교회일지라도 그곳에서 하나님은 우리를 부르고 계시며 주님을 만나 생명의 역사를 이루어 가게 하실 줄 믿습니다. 갈라진 성도들을 선교지에서 사역하던 그 열정과 다듬어진 하나님의 사랑으로 품고 섬기실 줄 믿습니다.

그동안 쉼터교회를 기억해 주시고 기도해 주심을 감사드리며 나도 내년에 은퇴를 위하여 준비하며 하나님 앞에 깊은 묵상을 하고 있답니다. 아내와 자녀들도 잘 있으며 성도들도 부족한 목사를 잘 이해해 주고 함께하고 있답니다.

주님의 인도하심을 바라며, 사모님과 자녀들 위에 하나님의 평강이 함께하고 더 귀한 사역의 역사가 일어나길 바라며 기도하도록 하겠습니다... 대구 쉼터에서 "

"먼 땅에서 오는 좋은 기별은 목마른 사람에게 냉수와 같으니라" (잠 25:25).

2025.7.

하나님의 예선 (삼상 16:1,7,12-13)

하나님께서는 사무엘 선지자를 베들레헴 이새의 집으로 보내어 그 아들 중 한 사람을 왕으로 세우도록 하셨습니다.

"너는 기름을 뿔에 채워 가지고 가라. 내가 너를 베들레헴 사람 이새에게로 보내리니 이는 내가 그의 아들 중에서 한 왕을 예선하였음이니라"(삼상 16:1).

여기서 '예선하였다'는 말은 '선택하다', '예비하다'라는 뜻입니다. 하나님은 예비하시고, 준비하시고, 선택하여 이루시는 분이십니다.

사무엘은 이새의 집으로 가서 기름부음을 받을 자를 선택하려고 이새의 아들들을 사무엘 앞으로 모이게 하였고, 장남 엘리압을 보았을 때, 신장이 크고 용모가 준수하여 더 볼 것도 없이 기름을 부어 이스라엘의 왕으로 세우려 했습니다. 그러나 하나님께서는 "아니라"고 말씀하셨습니다. "여호와는 사람의 외모를 보지 아니하고 중심을 보느니라(삼상 16:7)" 하셨습니다. 둘째도, 셋째도, 일곱째까지도 아니라고 하셨습니다. 결국, 들에서 양을 치던 막내 아들을 불러오게 하셨습니다. 다윗은 아버지의 뜻에 순종하여 덥고 추운 들에서 묵묵히 자기 양을 지키고 있었습니다.

오늘 하나님 나라의 참된 일꾼은 누구입니까? 삶의 현장에서 작은 일에 충성하는 자입니다.

"이에 보내어 그를 데려오매 그의 빛이 붉고 눈이 빼어나고 얼굴이 아름답더라. 여호와께서 이르시되 이가 그니 일어나 기름을 부으라"(삼상 16:12).

사람의 보기에 좋아 보이던 이새의 다른 아들들은 중심에 문제가 있었습니다. 그러나 하나님은 중심이 아름다운 사람, 중심으로 회개하는 사람, 겸손한 사람, 하나님을 두려워하고 열심 있는 자를 쓰십니다.

저 역시도 하나님 앞에서 저를 돌아봅니다. 제가 처음 예수님을 믿었을 때는 독서실에서 생활하던 시절이었습니다. 교회가 너무나 좋았고, 주님을 뜨겁게 사모하였습니다. 독서실에서 라면으로 끼니를 때우면서도 밤마다 성전에 나아가 성경을 읽고 기도하였습니다. 새벽예배를 드리기 위해 교회 의자 밑에서 자고 새벽을 깨우며 예배드리기를 기뻐했습니다. 군 복무 중에도 군복을 입고 자전거를 타고 먼 거리를 달려가 새벽기도에 참석했습니다. 주의 전을 사모하던 그 열정의 시간들 속에서, 하나님은 저를 보고 계셨고, 모르는 사이 예선전을 통과하게 하셨습니다.

이번 여름, 하나님의 기름 부음과 "이가 그니"라는 은혜가 주일학교와 중고등부, 청년부 성도들에게 임하기를 바랍니다. 어쩌면 이번 여름이 누군가에게는 예선전의 시기가 될 수 있습니다. 기름 부음을 받는 자, "이가 그니"라는 말씀을 듣는 자가 있을 것입니다.

중요한 것은 예선전을 잘 통과하는 것입니다. 먼저 구원의 문을 통과해야 본선에서 일할 수 있습니다.

예비하신 하나님의 은혜를 입고 준비되는 인물들이 우리 가운데 세워지기를 축복합니다.

2025.8.

시선의 방향 (시편 121:1-2)

이런 예화가 있습니다. 어느 날, 돼지에게 홍시를 던져주었더니 돼지는 코를 넓적이며 맛있게 먹고는 이내 시멘트 바닥 이곳저곳을 뒤지기 시작했습니다. 홍시를 던져준 주인을 바라보면 또 얻을 수 있을 텐데, 돼지는 넓적한 코를 실룩거리며 냄새 나는 돼지우리 구석구석을 킁킁거리며 찾기만 했습니다.

사람들도 때로 그렇지 않습니까? 죄악의 냄새, 타락한 울타리 안에서 육신의 정욕과 안목의 정욕과 이생의 자랑을 좇아 끙끙거리며 세상을 쫓는 모습이 울타리 안의 돼지와 다르지 않을 때가 있습니다. 그러나 오늘 성경은 이렇게 말합니다.

"내가 산을 향하여 눈을 들리라. 나의 도움이 어디서 올까? 나의 도움은 천지를 지으신 여호와에게서로다." (시 121:1-2)

이 시편은 아마도 예루살렘을 순례하던 한 무명의 시

인이, 무사히 순례를 마치고 나오며 멀리 시온산을 바라보며 감격스레 지은 노래일 것입니다. 수많은 영욕의 세월을 지나도 시온산은 여전히 우뚝 서서 예루살렘을 둘러싸고 있었습니다. 그 장엄한 산을 바라보며 하나님을 기억했을 것입니다. 주로 이스라엘 백성들이 절기를 맞아 예루살렘 성전으로 올라가며 부른 노래입니다. 예루살렘은 지리적으로 산 위에 위치했기에 순례자들은 멀리서 성전이 있는 산을 바라보며 노래를 불렀습니다. 종교적 순례길에는 위험과 피곤, 도적과 햇볕, 달빛 등 수많은 어려움이 따랐지만, 그 가운데서도 하나님께서 지켜주신다는 확신을 고백하는 시입니다.

우리가 하루를 시작할 때도 세 가지를 묵상하면 좋습니다.

첫째, 하나님이 지난밤 우리를 지켜주셨음을 기억하며 감사하는 것입니다. 하나님은 오늘도 나에게 회개의 기회를 주셨고, 나를 용납하시고 은혜를 주시기 위해 생명을 연장해 주셨음을 묵상하며, 시선을 하나님께로 돌려야 합니다.

둘째, 믿음의 고백과 함께 시선을 하나님께로 두는 것입니다. 이미 운전대의 방향을 하나님께로 돌린 이상, 믿음의 생각을 품고 믿음의 말을 선포해야 합니다.

　모세가 부름 받았을 때 그는 입이 뻣뻣하다고 말했습니다. 그는 군사 작전을 지휘하는 장수가 아니라 양을 치던 목자였습니다. 그러니 애굽으로 가서 바로를 대적하고 이스라엘 백성을 이끌어 나온다는 것이 불가능하게 보였을 것입니다. 그래서 "보낼 만한 자를 보내소서"라며 끝까지 사양했지요. 그것은 자기 자신과 환경과 사람만 바라본 결과였습니다. 그러나 말씀을 붙들고 순종하여 애굽으로 갔을 때, 힘없는 늙은 목자가 지팡이를 들고 서 있었음에도 바로는 항복했고, 홍해가 갈라지고, 여리고 성벽이 무너지고, 반석에서 생수가 터지는 기적이 일어났습니다.

　말씀에 의지하여 순종하고 행동할 때 하나님은 기적을 이루십니다.

　셋째, 믿음으로 나아가는 동안 만나는 어려움과 아픔을 수용하는 것입니다. 우리의 걸음에 고난과 아픔이 찾아올 때 그것을 하나님의 섭리 안에서 받아들이고, 더욱 시선을 하나님께로 돌려야 합니다. 왜냐하면 우리를 지으시고 만물을 주관하시는 분이 하나님이시기 때문입니다.

　2025.9.

지나온 30년, 가야할 30년

  닭똥 냄새가 진동하고, 포도밭이 펼쳐진 시골 냄새 가득한 대구의 동쪽 끝. 시지에 온 지 어느덧 30년이 되었습니다. 일곱 살과 초등학교 3학년이던 딸들을 데리고 장모님과 함께 이사 온 날은 1994년 9월 5일이었습니다. 이사 온 그날, 아이들과 장모님과 함께 드린 가정예배가 시지 매호동에서의 생활이자 교회의 출발이었습니다.

  신학교를 졸업하고 시작한 목회는 세상 물정을 잘 모르고 준비되지 못한 서툰 발걸음이었습니다. 무턱대고 농촌교회의 담임 전도사로 사역을 시작했고, 장로회신학대학교에서 공부를 마무리한 뒤 경주 구정교회에서 봉사하며 경동노회에서 목사 안수를 받았습니다. 그러던 중 아내가 여전도사로 섬기던 대구 대봉교회에서 부름을 받아 본격적인 목회가 시작되었습니다. 규모가 큰 교회에서 열심히 일한다고 했지만 지금 돌아보면 부끄럽고 미숙했던 목사였습니다.

   대봉교회는 전도에 열심이었고, 부목사들과 여전도사들은 새가족과 성도들을 돌보느라 심방과 예배, 교육, 금요기도회로 바쁜 시간을 보냈습니다. 그러던 어느 날, 제가 맡은 교구에서 장례를 치르고 돌아오다 큰 교통사고를 당했습니다. 목회를 잠시 내려놓고 홀로 기도하며 보내던 시간 끝에 개척교회를 시작하기로 결심했습니다. 그리고 대구의 동쪽 끝, 시지를 개척지로 선택했습니다.

   처음 교회를 세울 땅을 찾기 위해 아내와 함께 시지로 나왔습니다. 한 부동산 문 앞에 '주일은 쉽니다'라는 문구가 붙어 있었습니다. '교회에 다니시는 분이겠구나' 생각하고 들어갔는데, 예상대로 신실한 집사님이셨습니다. 그분이 땅을 소개하고 문서 작성과 행정 절차, 구청 서류까지 모든 일을 친절히 도와주셨습니다. 감사한 것은, 그날 아침 읽은 성경이 시편 37편이었다는 점입니다.

   "또 여호와를 기뻐하라 그가 네 마음의 소원을 네게 이루어 주시리로다."(시37:4)

   "진실로 악을 행하는 자들은 끊어질 것이나 여호와를 소망하는 자들은 땅을 차지하리로다."(시37:9)

"주의 복을 받은 자들은 땅을 차지하고 주의 저주를 받은 자들은 끊어지리로다."(시37:22)

이 말씀들이 그날 제게 특별한 레마(ρñμα-rhēma - 특정 순간에 개인에게 임하는 말씀, 적용되는 말씀을 강조할 때 쓰여지는 말씀)가 되어 마음을 사로잡았습니다. 그날 만난 이귈용 집사님은 우리 형편을 헤아려 개척교회 하기에 적합한 지역을 소개해 주셨고, 쌀을 가져다 주며 여러 모양으로 도우셨습니다. 하나님께서는 그렇게 돕는 자를 붙이셨고, 작지만 귀한 65평의 땅을 허락하셨습니다.

그동안 저희 가족은 아내, 두 아이, 장모님을 포함해 다섯 명이 17평짜리 아파트 월세에서 예배를 드리며 지냈습니다. 약한 몸을 회복하기 위해 건강을 돌보면서도 기도를 놓지 않았습니다. 결국 산 땅을 저당 잡히고 은행 융자를 받아 교회를 지을 준비를 했습니다. 그때 아내가 아는 전도사님 김두선 사모님이 집을 지을 분을 소개해 주셨고, 김 전도사님은 교회 재정을 맡아 수고하며 함께 기도해 주셨습니다. 그렇게 **대구 쉼터교회**(옛 시지제일교회)가 시작되었습니다.

시지로 이사 온 지 8개월 만인 1995년 7월 17일, 지하 1층 지상 3층, 연건평 150평의 작은 교회가 감격 속에 문을 열었습니다.

교회는 이후 구역 모임에서 셀(Cell) 교회로 전환하며 10주·5주 교육 과정을 운영했고, 총동원전도, '노란 손수건 데이', '터치 전도' 등을 통해 지역에 알려졌습니다. 그동안 장로·집사·권사·제직들을 세우며 든든한 반석 위에 서게 되었고, 2012년에는 현재의 매호중학교 앞으로 이전해 대지 202평, 본당 100평의 4층 건물로 리모델링하며 새로운 비전을 품게 되었습니다.

돌아보면 지난 30년은 열매가 많다고 말하기 어려운 길이었습니다. 하나님 앞에 죄송하고 부끄럽기도 합니다. 그러나 한 가지 분명한 것은, 30년 전 교회를 개척하게 하신 은혜가 지금도 제 마음을 지탱한다는 사실입니다. 목회에 대한 후회와 아쉬움, 좌절도 많았지만, 이제는 앞으로의 30년을 생각합니다.

새로운 여호수아 같은 후임자가 와서 말씀과 영성이 살아 있는 교회, 선교와 다음 세대를 일으키는 교회로 더 단단히 세워지길 소망합니다. 성도들이 기쁨으로 복음과 하나님 나라를 위해 헌신하는 공동체가 되길 간절히 기도합니다.

2025.10.

後編 , 빛으로 남은 말씀 。

방송설교 (극동방송, 복음의 소리)

방송설교 (극동방송, 복음의 소리)

1. 복된소식 (요한11:25-26)

2. 믿음 (요한11:25-26)

3. 십자가 은혜 (고전1:8)

4. 일어나 걸으라(행 3:1-10)

5. 주안에서 양육과 공경(엡6:1-4)

6. 복된 삶 시편(119:1-3)

7. 하나님 은혜 (요한 3:16)

8. 말씀: 말씀하시는 하나님 (요20:30-31. 히1:1-2)

9. 묵상 (잠3:6)

복된소식
요한복음 11:25-26

극동방송 청취자 여러분, 반갑습니다. 특별히 저는 이 시간 교회를 사정상 나오지 못하거나 하나님에 대하여 잘 알지 못하는 분들을 생각하며 말씀을 나누고자 합니다. 오늘 나눌 성경 말씀은 요한복음 11:25-26절입니다.

"예수께서 이르시되 나는 부활이요 생명이니 나를 믿는 자는 죽어도 살겠고 무릇 살아서 나를 믿는 자는 영원히 죽지 아니하리니 이것을 네가 믿느냐."

기독교란 복된 소식, 기쁜 소식이라는 뜻입니다. Good News입니다. 이 땅에는 많은 소리가 있고 많은 소식이 있습니다. 그러나 참으로 복된 소식, 남쪽에도 북쪽에도, 아프리카에도 아시아에도 어디에나 복된 소식이 되는 것은 복음입니다. 죄로 인해 죽을 수밖에 없는 인생이 죄 사함을 받고, 인생의 목적을 깨닫고, 내가 어디에서 와서 어디로 가는지 알게 된 사람이 복된 사람입니다. 그것은 바로 죽음을 이기고 부활하신 예수 그리스도에 대한 소식입니다.

오래전, 남편을 일찍 여의고 오직 자식 하나를 바라보며 살아온 저의 이모님이 계셨습니다. 아들은 성실하고 인물도 반듯한 외아들이었습니다. 그런데 직장에서 일하다가 그만 지게차에 치어 사고로 죽고 말았습니다. 이 소식을 들은 어머니는 기절해 버렸습니다.

장례식을 치르는 동안 그 슬픔은 이루 말할 수 없었습니다. 이모님은 저를 붙잡고 외쳤습니다.

"우짜꼬, 우짜꼬 우리 아들, 우짜꼬 우리 아들 익현아…"

바닥에 쓰러지며 소매를 붙잡고 내뱉던 그 애절한 목소리가 아직도 귀에 쟁쟁합니다.

노래 중에 '허사가'라는 곡이 있습니다.

1절. 세상만사 살피니 참 헛되구나 부귀공명 장수는 무엇하리요 고대광실 장수는 무엇하리요 우리 한번 죽으면 일장의 춘몽

2절. 홍안소년 미인들아 자랑치 말고 영웅호걸 열사들아 뽐내지 마라 유수 같은 세월은 널 재촉하고 저 적막한 공동묘지 널 기다린다

10절. 땀 흘리고 애써 모아놓은 재물 안고 가나, 지고 가나 헛수고로다 빈손 들고 왔으니 또한 그같이 빈손 들고 갈 것이 명백치 않나

12절. 우리 희망 무엔가 뜬세상 영화 분토같이 버리고 주님 따라가 천국낙원 영광 중 평화의 세계 영원 무궁토록 누리리로다

무슨 말입니까? 결국 죽는다는 말입니다. 인삼, 녹용, 아파트, 좋은 차… 다 소용없고, 영웅호걸도 뽐낼 것 없음은 공동묘지가 기다리고 있기 때문입니다. 그렇습니다. 인생의 가장 큰 문제는 '죽음'의 문제입니다.

° 나사로의 죽음

이스라엘의 수도 예루살렘 가까이에 '베다니'라는 가난한 동네가 있었습니다. 거기에 나사로와 누이 마르다, 마리아가 살고 있었습니다. 그런데 사랑하는 오라버니가 죽었습니다. 오라버니를 의지하고 살던 그 자매에게는 큰 충격이었고, 견딜 수 없는 일이었습니다. 그들은 울고 또 울었습니다. 바로 그때 예수님이 찾아오셨습니다.

예수님이 오신다는 소식을 듣고, 상중에 있던 마르다가 상복을 입은 채 달려 나와 예수님 앞에 엎드려 고백했습니다.

"주께서 여기 계셨더면 내 오라비가 죽지 아니하였겠나이다" (요 11:21).

그리고 이어 말했습니다.

"그러나 나는 이제라도 주께서 무엇이든지 하나님께 구하시는 것을 하나님이 주실 줄을 아나이다" (요 11:22).

즉, 예수님이 누구신지는 알고 있다는 고백이었습니다. 그때 주님은 말씀하셨습니다.

"네 오라비가 다시 살리라."

이미 죽어 장사된 지 나흘이나 된, 썩어가는 나사로가 살아날 것이라고 말씀하신 것입니다. 그러자 마르다는 다시 말했습니다.

"마지막 날 부활 때에는 다시 살 줄을 내가 아나이다"(요 11:24).

마르다는 또 안다고 했습니다. 그러나 주님은 다시 말씀하셨습니다.

"나는 부활이요 생명이니 나를 믿는 자는 죽어도 살겠고, 무릇 살아서 나를 믿는 자는 영원히 죽지 아니하리니 이것을 네가 믿느냐"(요 11:25-26).

그제야 마르다는 겨우 이렇게 고백했습니다.

"주는 그리스도시요 세상에 오시는 하나님의 아들이신 줄 내가 믿나이다"(요 11:27).

'안다'에서 '믿는다'로

안다고 해서 다 아는 것이 아닙니다. 하나님은 우리가 있다고 해서 계시고, 없다고 해서 안 계신 분이 아닙니다.

세계적인 기독교 사상가 C.S. 루이스는 이렇게 말했습니다.

만약 예수님의 말씀 "나는 길이요 진리요 생명이다" 가 거짓임을 알면서 했다면, 그는 사기꾼이요 위선자요 거짓 순교자다. 그러나 그 말씀이 사실이라면, 그분은 하나님이시며 주님이시다.

결국 선택은 둘 중 하나입니다. 영접하거나 거부하거나 입니다. 루이스는 결국 예수 그리스도를 영접하고 기독교 사상의 거목이 되었습니다.

사랑하는 청취자 여러분!

누구든지 예수님을 믿기만 하면 하나님의 자녀가 되고 구원을 받습니다. 믿으면 죄 사함을 받고, 구원을 얻으며, 하나님의 자녀가 되는 것입니다. 그래서 Good News, 복음입니다.

"하나님이 세상을 이처럼 사랑하사 독생자를 주셨으니, 이는 그를 믿는 자마다 멸망하지 않고 영생을 얻게 하려 하심이라" (요 3:16).

"영접하는 자, 곧 그 이름을 믿는 자들에게는 하나님의 자녀가 되는 권세를 주셨으니" (요 1:12).

여러분도 아시는 시대의 살인마 김대두를 기억할 것입니다. 도끼로 열일곱 명을 살해한 자입니다. 그런데 한 여집사, 김혜원 집사가 그 영혼을 불쌍히 여겨 눈물로 기도하며 계속 편지를 보냈습니다. 마침내 그는 예수님을 영접했고, 사형장에 서서 이렇게 고백했습니다.

"저는 여러분과 영영 이별하는 것이 아닙니다. 하나님 나라에 가서 꼭 만나고 싶습니다. 감사합니다."

그는 목사님의 기도를 받고, 마지막으로 찬송가 387장(구 440장)을 부르며 하나님 품에 안겼습니다.

1절. 멀리 멀리 갔더니 처량하고 곤하여 슬프고 또 외로와 정처 없이 다니니 예수, 예수 내 주여 지금 내게 오셔서 떠나가지 마시고 길이 함께하소서

2절. 예수, 예수 내 주여 섭섭하여 울 때에 눈물 씻어 주시고 나를 위로하소서

사랑하는 여러분, 기독교는 복음입니다. Good News 입니다.

"나는 부활이요 생명이다" 하신 예수 그리스도와 함께, 인생의 문제와 죄의 문제, 죽음의 문제를 해결하는 새로운 부활의 삶을 사시기를 축복합니다.

믿음
요한복음 11:25-26

오늘도 전능하신 하나님의 은혜가 함께하시길 바랍니다.

성공하는 사람은 오늘이란 날이 내 생애 가장 귀한 날이며, 오늘 하고 있는 일이 가장 귀한 일이고, 오늘 만나는 사람이 가장 중요한 사람임을 아는 자라고 합니다. 오늘 여러분이 만나는 사람은 여러분 생애의 최고의 사람들입니다.

오늘 나누는 성경 말씀도 지난주와 같은 요한복음 11:25-26절입니다. "예수께서 이르시되 나는 부활이요 생명이니 나를 믿는 자는 죽어도 살겠고, 무릇 살아서 나를 믿는 자는 영원히 죽지 아니하리니 이것을 네가 믿느냐."

이 말씀을 가지고 바른 믿음을 생각해 보고자 합니다.

°붙잡힘

오늘 우리가 살아가는 데는 바른 믿음이 필요합니다. 라틴어 문학에 보면 "종교란 내가 붙잡아야 될 것에 바로 붙잡히는 것"이라고 하였습니다. 제가 청년

시절에 왕덕이란 아이 집에 가정교사를 한 적이 있습니다. 할머니가 무당이었고 엄마는 이혼을 하였으며 집안이 복잡하였습니다.

아이를 가르치기 위해 그 집에 갈 때면 할머니가 점을 쳐준다고 사람들을 앉혀놓고 주문을 외며 사주관상을 보는 것을 보았습니다. 어느 날은 법당에 음식을 차려놓고는 아이를 불러 우상 앞에 절하게 하고는 탁주(막걸리)를 먹여 아이가 술에 취해 얼굴이 벌겋게 되어 나를 만난 적이 있었습니다. 참된 믿음이란 무엇일까요?

° 미신과 신앙의 차이

미신이란 사실이 아닌 것을 사실처럼 믿는 것을 미신이라 합니다. 반면 신앙은 사실을 사실로 믿는 것을 말합니다.

그런가 하면 불신은 사실을 사실로 믿지 않는 것을 불신이라 합니다. 지난주 금요일에 세계적 기독교 사상가 C. S. 루이스에 대해 말씀드린 바 있습니다. 그가 말하기를 예수께서 "내가 길이다, 생명이다, 부활이다" 하신 말씀을 두고 그 말이 거짓말임을 알고 말했다면 그는 사기꾼이요 위선자요, 거짓 순교자이지만 그렇지 않고 거짓임을 몰랐다면 그는 미친 순교자이며, 그 말이 사실이라면 그분은 하나님이시요, 주님이시니 우리의 선택은 그분을 영접하든가 거부하든가 둘 중의 하나라고 말했습니다.

미 남북전쟁 당시 장군이요 문인이었던 류 웰리스(Lew Wallace)는 기독교 신화를 영원히 없애버릴 책을 써서 인류를 그리스도에게 메어 있는 굴레에서 벗겨 주자고 그의 친구 한 사람과 다짐하였습니다. 그는 여러 도서관에서 2년간 많은 자료를 수집하고 깊이 연구하여 예수님의 얘기가 허위라는 것을 주장하는 책을 쓰기로 하였습니다. 책의 제1장을 쓰고 2장의 첫 페이지를 쓰다가 도저히 부인할 수 없어 그는 무릎을 꿇고 이렇게 고백합니다.

"당신은 나의 주, 나의 하나님이십니다." 그는 이렇게 부르짖게 됩니다. 그 사건 이후 그는 『벤허』라는 유명한 소설을 썼고, 영화로도 만들어져 많은 사람들을 감동시키며 은혜를 주었습니다.

° 신앙 간증

저는 20세 때 신앙을 가졌습니다. 그때 세계 문학전집을 읽다 보니 성경을 바탕으로 된 작품이 많았습니다. 톨스토이의 『부활』, 도스토예프스키의 『죄와 벌』, 미우라 아야코의 『빙점』, 존 번연의 『천로역정』, 구 소련의 망명 작가 솔제니친의 『이반 데니소비치의 하루』 등을 읽으면서 성경에 관심을 가지기 시작하였습니다. 20세부터 독서실 생활을 한 적이 있었는데 어렵고 힘들고 춥고 배고픈 시절, 갈급한 내 영혼은 성경을 읽어야 한다는 말을 듣고 굴러다니는 성경을 하나 주워 읽기 시작하였습니다. 그러자 전도를 받아 교회를 나가게 되었고, 새벽에 정신을 차리고자 교회 새벽기도를 다니게 되었습니다. 새벽기도를 나가고 2주일 만에 중학교 3학년 때부터 고질적으로 앓아오던 축농증이 고침을 받게 되었습니다. 하나님께 고쳐 달라는 기도를 한 적도 없는데도 어느 날, 한쪽 코가 트이면서 또 한 주간 만에 양쪽 코가 시원해지면서 깨끗하게 된 경험을 한 적이 있습니다. 그때부터 성경을 부지런히 읽기 시작했습니다.

그리고 어머님이 간경화로 심하게 고생한 적이 있었는데 어머님을 위해 일주일간 금식기도를 작정하고 새벽기도를 나가면서 간절히 기도하였습니다. 그런데 놀랍게도 하나님이 어머님의 간경화를 치유해 주셨습니다. 놀라운 일이었습니다. 담당 의사가 간경화가 없어져 버렸다는 말에 울었습니다. 제가 다녔던 교회는 대구 제이교회였습니다. 어느 날 담임목사님이 주일 저녁 특송할 분은 나와서 하라고 하시기에 나가서 찬양을 하는데 찬송가 369장(구 487장) "죄짐 맡은 우리 구주 어찌 좋은 친구인지"를 부르는 동안 성령이 임재하셨습니다. 찬송가가 휘어지고 내 온몸에 몇만 볼트의 전기가 임한 것 같고, 발이 데코타일에 붙어서 떨어지지 않아 발에 붙어 올라온 데코타일을 온 회중이 보는 가운데 쳐서 떨어뜨리고 놀라서 내려온 적이 있습니다. 그때, '아, 하나님이 계시는구나. 하나님은 기도를 들으시고 응답하시는구나. 하나님은 멀리 계시는 분이 아니시구나. 십자가에 죽으신 주님은 부활하신 분, 살아계신 하나님이시구나.' 하는 것을 체험하게 되었습니다.

믿음이란 단어는 헬라어로 "믿음", "신실", "충성"을 포함한 개념입니다. 이 단어들은 모두 페이소(πειθω)에서 파생된 중심 단어 피스티스(πιστις)에서 나왔습니다. 믿음의 사람은 실성한 것이 아니라 신실한 자입니다. 충성(忠誠)이라는 단어에서 '충(忠)'은 '가운데 중(中)'과 '마음 심(心)'이 합쳐져 '마음 한가운데에 있다'는 뜻을 담고 있으며, '성(誠)'은 '말씀 언(言)'과 '이룰 성(成)'이 합쳐져 '말과 행동이 이루어진다'는 의미를 담고 있습니다. 즉, 내 마음의 중심에 말씀을 이루어 가며 사는 자, 말씀을 따라 사는 사람임을 나타냅니다.

바른 믿음은 내 인생의 축이 나 중심이 아니라 하나님 중심이 되어야 합니다. 나의 소원, 나의 뜻대로 이루어지게 해 달라는 것이 아니라 전능하신 하나님의 뜻대로, 하나님의 말씀대로 이루어지기를 바라는 것이 참된 믿음입니다. 마르다는 "나는 부활이요 생명이니 나를 믿는 자는 죽어도 살겠고, 무릇 살아서 나를 믿는 자는 영원히 죽지 아니하리니"라는 주님의 말씀을 믿어야 했습니다. 마지막 날에 이루어지는 것이 아니라 현재진행형의 믿음을 가져야 했습니다.

° 증거 - 돌을 옮겨 놓아라

본문에서 주님은 지금 현재 구원을 받고 새 생명을 얻으며, 죽은 나사로가 살아남과 부활의 새 생명을 말씀하시는데, 그 사실을 제대로 믿지 못하는 마르다와 빈정거리는 사람들을 위하여 증거를 보여주셨습니다.

마르다와 마리아의 눈물을 보셨고, 곁에 있던 무리

들을 위하여 주님은 나사로의 무덤으로 가셨습니다.

　죽은 지 나흘이나 되었으니 동굴 안은 송장 냄새가 가득했습니다. 그곳에서 주님은 "돌을 옮겨 놓아라"라고 말씀하셨습니다. 무덤 입구를 막은 큰 돌은 불신의 돌이요, 미신의 돌이요, 내 중심 아집의 돌이었습니다.

　그 돌을 굴려 버려야 주님이 보이십니다. 그리고 주님은 무덤을 향해 "나사로야, 나오라"고 말씀하셨습니다. 그러자 죽은 지 나흘이나 되었던 나사로가 일어나 걸어나왔습니다.

　"나사로야, 나오라"는 말씀은 "태초에 하나님이 천지를 창조하시니라", "빛이 있으라" 하신 그 창조주의 말씀과 같은 능력의 말씀이었습니다. 그때 주님은 수족을 베로 동인 채 송장 냄새가 나는 나사로를 풀어 놓아 다니게 하라고 하셨습니다. 믿음은 들음에서 납니다. 참된 믿음은 말씀을 믿는 것입니다. 신실한 삶이 수반되는 믿음이어야 합니다.

　방송을 듣는 애청자 여러분, 바른 신앙, 바른 믿음을 가지셔서 길이요 진리이신 주님과 함께 복된 삶을 누리시길 축복합니다.

십자가 은혜

고린도전서 1:8

　목사님 한 분이 중매를 부탁했습니다. 부탁받은 분이 물었습니다. 키는 얼마이며, 얼굴은 어떠하며 집안은 괜찮은지 몇 가지를 물었습니다. 딸을 아들을 시집·장가보내는 것이 얼마나 중요한데, 잘 살피고 알아보아야 함이 틀림없습니다. 정말 성격이 좋은 며느리를 얻고 싶고, 집안이 좋은 사위를 얻고 직장이 든든하고 건강한 사람을 얻고 싶음이 틀림없습니다.

　'나는 죽고 예수로 사는 사람들'이란 책을 쓴 유기성 목사님의 글을 읽어보았습니다. 교회에 부목사 한 분을 충원할 상황이라 하나님께 기도했다고 합니다. 사역도 잘하고 설교도 잘하고 신실하고 인물도 좋은 목사님 한 분을 보내주시기를 기도하던 중, 갑자기 마음에 "너마저도 그렇게 기도하면 어떻게 하느냐?" 하는 음성이 들린 듯한 마음이 들었다고 합니다. 가슴이 철렁했는데, 모두 다 신실하고 설교도 잘하고 실력이 있고 인물 좋은 목사만 찾으면, 실력이 모자라고 설교도 못하고 인상도 좋지 않은 목사는 어디로 보내야 하느냐 하시는 것 같았다고 합니다.

"그렇다고 아무도 데려가지 않는 사람을 보내달라고 기도해야 하나?" 하는 생각이 들다가, 그는 생각을 내려놓고 이렇게 기도했다고 합니다.

"하나님이 보내실 사람을 보내주십시오. 어떤 조건을 달지는 않겠습니다. 어떤 사람을 보내주시든지 훌륭한 주의 종이 되도록 잘 섬기겠습니다. 하지만 한 가지, 예수님 한 분이면 충분한 사람, 예수님 안에서 죽고 사는 것이 분명한 사람이어야 합니다!"

이번 주일은 기독교적으로 고난주간입니다. 신약성경 복음서 중 마가복음은 예수님의 일생 중 반 이상을 단 일주일간에 일어난 사건으로 기록하고 있습니다. 특별히 오늘은 예수님이 십자가에 못 박혀 죽으신, 인류 역사에 획을 그은 날이기도 합니다. 오늘 우리는 자신을 돌아보며 십자가를 생각하기 원합니다. 본문 성경은 고린도전서 1장 18절입니다.

"십자가의 도가 멸망하는 자들에게는 미련한 것이요, 구원을 받는 우리에게는 하나님의 능력이라"

십자가의 은혜를 생각해 봅시다.

° **십자가는 자신의 죄를 깨닫게 합니다.**

많은 사람들이 자기가 죄인이라고 고백합니다 기

도할 때도 "나 같은 죄인, 말할 수 없는 죄인, 벌레만도 못한 죄인"이라고 고백합니다. 찬송할 때마다 고백하고 기도할 때마다 고백합니다. 그런데 누군가 자신의 허물을 지적하거나 비판하면 기분 나빠하며 화를 내는 경우가 많습니다. 실제로는 자신이 얼마나 큰 죄인인지 인정하지 않는다는 것입니다. 우리 자신이 얼마나 큰 죄인인지 정확히 깨닫게 해주는 것은 십자가 복음밖에 없습니다.

예수님의 수제자 베드로 이야기가 누가복음 5장에 나옵니다. 어느 날 베드로는 밤새도록 갈릴리 바닷가에서 고기를 잡으려 했지만 허탕을 치고 말았습니다.

바닷가에서 잔뼈가 굵은 고기잡이 전문가였는데도 한 마리도 잡지 못하니 기분이 씁쓸했을 것입니다. 그물을 말려 집으로 돌아가려던 그때, 많은 사람들이 몰려왔습니다. 키가 크신 목수 출신의 예수님께서 배를 빌려달라 하셨습니다. 베드로는 배를 내어드렸고, 예수님은 그곳에서 말씀을 가르치셨습니다. 많은 사람들이 빨려들 듯 말씀을 들었고, 베드로도 큰 충격을 받았습니다.

말씀을 마치신 예수님은 베드로에게 "깊은 데로 가서 그물을 내려 고기를 잡으라" 하셨습니다. 이미 그

물은 정리했고, 깊은 곳에는 고기가 없고, 해가 뜬 후라 맞지 않는 말이었습니다. 그러나 베드로는 이렇게 고백했습니다. "선생님, 밤이 맞도록 수고하였으되 잡은 것이 없지만 말씀에 의지하여 내가 그물을 내리리이다." 그리고 깊은 데로 가서 그물을 내렸더니, 그물이 찢어질 만큼 고기가 잡혔습니다.

보통 같으면 감사와 기쁨으로 소리쳤을 일이지만, 베드로는 예수님 앞에 무릎을 꿇고 고백했습니다.

"주여, 나를 떠나소서. 나는 죄인이로소이다."

뜻밖의 복을 받았는데, 바로 그 기적의 순간에 자신의 죄된 실체를 깨닫게 된 것입니다. 성령의 역사로 십자가를 깨달은 성도도 마찬가지입니다. 십자가를 볼 때, 우리는 예수님을 십자가에 못 박은 자신을 보게 됩니다. 그리고 통회하고 자복하게 됩니다.

° 십자가는 진짜 복이 무엇인지 깨닫게 합니다.

어떤 성도들은 예수 믿어도 별로 복 받은 것이 없다고 말합니다. 어느 목사님께서 기독교 방송 부활절 설교에서 이렇게 말씀하신적이 있습니다.

"저에게는 생명처럼 소중한 것들이 있습니다. 아이들은 저를 존경하고, 아내는 저를 좋은 남편으로 인정하고, 교인들도 저를 좋아하고 인정합니다. 그러나 제가 지은 죄의 1/10, 1/100이라도 드러난다면 저는 순식간에 모든 것을 잃을 것입니다. 치명적입니다. 저는 '죄의 삯은 사망'이라는 말씀에 백번 동의합니다. '의인은 믿음으로 산다'는 말씀을 확실히 믿습니다. 진짜 복은 속죄함 받는 복입니다. 세상에서 성공을 얻고, 돈과 명예를 가졌다 해도 숨겨진 죄악이 모두 드러난다면 무슨 소용이 있겠습니까? 만약 하나님 앞에서 우리의 죄악이 CC카메라처럼 녹화되고 녹음되어 보관된다면 얼마나 두려운 일입니까? 그러나 저는 두렵지 않습니다. 그 모든 필름이 지워졌기 때문입니다. 하나님이 지워주셨습니다. 예수 그리스도의 십자가 보혈로 깨끗케 하셨습니다."

"여호와께서 말씀하시되 오라 우리가 서로 변론하자. 너희의 죄가 주홍 같을지라도 눈과 같이 희어질 것이요, 진홍같이 붉을지라도 양털같이 희게 되리라"(사 1:18). 이것이 죄 사함의 은혜요, 가장 큰 복입니다.

° **십자가는 하나님의 은혜와 사랑을 깨닫게 합니다.**

"그가 찔림은 우리의 허물 때문이요, 그가 상함은 우리의 죄악 때문이라. 그가 징계를 받음으로 우리는 평화를 누리고, 그가 채찍에 맞음으로 우리는 나음을 받았도다. 우리는 다 양 같아서 그릇 행하여 각기 제 길로 갔거늘, 여호와께서는 우리 모두의 죄악을 그에게 담당시키셨도다"(사 53:5-6).

예수님이 십자가에 못 박히신 곳은 '해골'이라는 뜻의 골고다입니다. 해골의 정수리에 십자가가 세워졌고, 찢기신 주님의 피가 그 위로 흘러내렸습니다. 이것이 복음의 핵심입니다.

골고다의 해골은 곧 우리 자신입니다. 우리는 복음의 은혜로 사는 죄인이며, 용서받은 은혜의 사람입니다. 오늘 골고다 언덕의 십자가는 내가 달려야 할 십자가임을 고백해야 합니다. 십자가의 살과 피를 먹고 마시는 자가 되어 내 인생의 B.C와 A.D가 갈라지는 은혜가 있기를 축복합니다.

일어나 걸으라

사도행전 3:1-10

오늘도 복되고 보람된 날이 되시길 축복합니다. 날은 흐리지만, 구름 위에는 햇빛이 빛나고 있습니다.

오늘 본문은 사도행전 3장 1-10절 중 6-7절입니다. "베드로가 이르되 은과 금은 내게 없거니와 내게 있는 이것을 네게 주노니, 나사렛 예수 그리스도의 이름으로 일어나 걸으라 하고, 오른손을 잡아 일으키니 발과 발목이 곧 힘을 얻고…" 그리하여 앉은뱅이 씨가 일어났습니다.

지난 주일은 부활절이었습니다. 온 세계 만민이 "할렐루야, 우리 예수 부활 승천하셨네, 세상 사람 찬양하니 천사 화답하도다" 찬양하며 감사를 드렸습니다.

마태복음 28장 20절에 "볼지어다 내가 세상 끝날까지 너희와 항상 함께 있으리라 하시니라" 하였습니다. 지난 고난주간 금요일에 제 누님이 찾아와 간증하기를, 고속도로에서 자동차 바퀴에 굵은 대못이 박혀 큰 사고가 날 뻔했는데 카센터 주인이 '사고가 나지 않은 것이 기적'이라고 말하였고, 본인도 하나님이 함께 하지 않으셨다면 대형사고가 났을 것이라며 하나님의 함께 하심을 찬양하였습니다. 그 부활의 주님이 지금 여러분과 함께 하심을 믿습니까?

복음송 중에 "나와 함께하시는 가장 소중한 주님, 영원토록 찬양받으실 주님, 모든 것이 떠났고 모든 걸 잃었지만 언제나 함께하신 주"라는 찬양이 있습니다.

우리는 그 주님을 찬양하고 있습니다.

오늘 본문은 유대인들의 기도 시간(구시, 오후 3시)에 맞추어 예루살렘 성전으로 올라가던 베드로와 요한이 성전의 가장 아름다운 미문에서 구걸하던, 나면서부터 걷지 못하는 선천성 '앉은뱅이 씨'를 만나는 장면입니다. 누군가 그를 그곳에 데려다 두었고, 그는 초점 없는 눈으로 습관처럼 성전에 들어가는 사람들에게 손을 내밀고 있었습니다. 아무도 그를 성전 안으로 데려가려 하지 않았고, 본인 역시 성전 안으로 들어갈 생각은 하지 않은 채 구걸만 하고 있었습니다.

그런데 어느 날 베드로와 요한이 성전 미문 입구에 멈추어 서서 그를 바라보며 "우리를 주목하라" 하고 말했습니다. 그러자 앉은뱅이 씨가 시선을 집중하여 베드로의 눈을 바라보았습니다. 시선과 시선이 맞부딪혔습니다. 그때 베드로가 외쳤습니다.

"은과 금은 내게 없거니와 내게 있는 이것을 네게 주노니, 나사렛 예수 그리스도의 이름으로 일어나 걸으라"(행 3:6). 그리고 앉은뱅이 씨의 오른손을 잡아 일으키니 곧바로 일어나 걷게 되었습니다. 어떻게 그런 일이 가능합니까? 그것은 나사렛 예수께서 죽음에서 일어나신 분이시기 때문입니다.

예수님이 돌아가신 지 사흘째 되는 날 새벽, 평소 주님을 따르던 여인들이 무덤을 찾아갔습니다. 동굴은 큰 돌로 막아 놓았고 로마 병정들이 굳게 지키고 있는 곳이었는데, 어떻게 해야 할지 걱정하면서 갔습니다.

그런데 가 보니 동굴 입구의 돌은 굴려져 있었고, 무덤은 비어 있었습니다. 놀라는 여인들에게 그곳에 있던 천사가 이렇게 말했습니다. "그가 여기 계시지 않고, 말씀하시던 대로 살아나셨느니라. 와서 그가 누우셨던 곳을 보라. 또 빨리 가서 그의 제자들에게 이르되 그가 죽은 자 가운데서 살아나셨고, 너희보다 먼저 갈릴리로 가시나니 거기서 너희가 뵈오리라 하라. 보라, 내가 너희에게 일렀느니라"(마 28:6-7).

우리말 '살아나다'로 번역된 헬라어 '에게이로'(ἐγείρω)의 본 뜻은 '일어나다', '깨어나다', '부활하다'입니다. 본문의 성전 미문에 앉은뱅이 씨에게 "일어나라"고 명령할 때 사용된 단어도 바로 '일어나라'(에게이로, ἐγείρω)입니다. 이 단어가 얼마나 중요한지, 무덤을 찾아간 여인들에게 천사가 "죽은 자 가운데 살아나셨다"고 말할 때도 같은 단어가 쓰였습니다. 그리고 수의는 가지런히 개켜져 있었습니다.

초대교회 당시 헬라 문명권에서는 '부활'이라는 단어를 사용하지 않았습니다. 이유는 그들이 부활을 절대 믿지 않았고, 현실과 동떨어진 신화나 전설 속 이야기로 여겼기 때문입니다. 그래서 복음서 기자들은 '부활' 대신 '일어났다'는 단어(에게이로, ἐγείρω)를 사용했습니다. '죽은 자'란 헬라어로 '네크로스'(νεκρός), 곧 '시체'를 뜻합니다. 즉 '시체가 일어난 것'이 부활입니다. 예수님의 부활은 허황한 거짓말이나 허탄한 신화가 아닙니다. 또 십자가 고난 이후 일시적 가사 상태에서 의식을 차린 것도 아닙니다. 실제로 완전한 시신이 되셨다가 일어나신 부활임을 성경은 분명하게 증언합니다.

그러므로 부활은 추상적이거나 모호한 개념이 아니라, 시신 상태에서 일어나신 사건입니다. 그렇다면 생각해 보십시오. 시신이 되셨다가 죽음을 깨뜨리고 일어나신 주님이 어찌 앉은뱅이 씨에게 "일이나라" 명령하실 수 없겠습니까? 죽음을 이기신 예수님이 어찌 그를 일으키지 못하시겠습니까?

베드로가 "나사렛 예수의 이름으로 일어나 걸으라" 하고 그의 오른손을 잡아 일으키니… 사도행전을 기록한 이는 의사 누가입니다. 그는 의사답게 의학적으로 정확히 기록합니다. '발'로 번역된 바세이스(βάσεις)는 땅을 밟고 서 있는 발바닥을 의미하고, '발목'(수라, σφυρά)은 정강이와 발 사이, 복사뼈를 말합니다. '일어나라'는 말씀이 앉은뱅이 씨의 발바닥에서부터 복사뼈를 거쳐 솟구쳐 올라갔습니다. 그리고 8절, "뛰어서 걸으며 그들과 함께 성전으로 들어가 걷기도 하고 뛰기도 하며 하나님을 찬송하니…"라고 기록되었습니다.

앉은뱅이 씨는 40년 만에 매일 앉아 있던 그 미문을 통과했습니다. 새로운 인생, 아름다운 문, 아름다운 인생이 시작된 것입니다. 구걸만 하던 그 미문을 이제 자기 발로 걸어서, 뛰면서 성전 안으로 들어가 하나님을 찬송하니… 꿈인지 생시인지 모를 감격 가운데 하나님을 찬송했습니다.

그리스도인이 매일 고백하는 것이 있습니다. 바로 사도신경입니다. "전능하사 천지를 만드신 하나님 아버지를 내가 믿사오며… 십자가에 못박혀 죽으시고, 장사한 지 사흘 만에 죽은 자 가운데서 다시 살아나시며…" 우리가 믿는다고 고백합니다. 그렇다면 우리의 신앙고백이 분명해야 합니다. '일어나라', '살아나셨느니라'의 부활 신앙의 감격이 있습니까?

미국의 찬송가 작가 로버트 로우리 목사님은 1826년 펜실베이니아 주 필라델피아에서 태어나셨습니다.

그는 열일곱 살 때 주님을 만나는 체험을 하고 주의 부르심을 받아 종이 되었습니다. 우리가 잘 아는 찬송가 252장 '나의 죄를 씻기는 예수의 피밖에 없네', '울어도 못하네', 544장 등 수많은 은혜의 찬송들을 지었습니다. 그런데 남북전쟁이 일어나 수많은 사람들이 죽어갔습니다. 목사님은 장례식을 집례하며 너무나 많은 이들이 치료도 받지 못한 채 죽어가는 모습을 보았습니다. 기진맥진한 가운데 하나님 앞에 간절히 기도했습니다.

"주님, 저와 이 부상병들을 살려주옵소서." 그때 환상 가운데 예수님이 나타나 말씀하셨습니다. "로우리 목사여, 내가 살아 있느니라. 내가 어둠을 물리치고 살아났느니라. 내가 네 속에 지금 살아 있느니라." 그 순간 그는 놀라운 부활의 능력을 체험했습니다.

사랑하는 청취자 여러분! 주님은 살아나셨습니다. 선천성 앉은뱅이 씨는 예수의 이름으로 일어나 걸으며 미문을 통과하고 하나님을 찬송하는 삶을 살게 되었습니다. 부활은 '일어나는 은혜'입니다. 병든 몸, 병든 마음, 병든 신앙이 치료되고 고침받으며 새로워지시기를 축복합니다.

주안에서 양육과 공경

에베소서 6:1-4

말씀을 사모하는 여러분! 오늘도 행복한 날이 되시길 축복합니다. 5월은 가정의 달입니다. 교회적으로도 5월 첫 주일은 어린이주일 혹은 가정주일로 지키고, 둘째 주는 어버이주일로 지킵니다. 제 개인적으로도 오늘이 결혼기념일이고, 우리 아이 생일이 5월 17일입니다.

°에베소서 6장 4절은 자녀를 주의 교훈과 훈계로 양육하라고 말씀하고 있습니다.

미국의 어느 가정에서 있었던 일입니다. 고등학교에 다니는 남매가 있었는데, 부모님이 외출할 일이 있어 집을 비운 사이 남매가 성행위를 하고 있었습니다.

부모가 기겁하여 아이들을 불러 "이놈들아, 이것은 짐승이 하는 짓이다. 어떻게 남매가 이럴 수가 있느냐" 하고 호통을 치자, 아이들이 대답하기를 "학교에서 짐승이라고 배웠는데요" 하더라는 것입니다. 진화론을 말하려던 것이겠지요.

그러므로 아이들을 하나님의 말씀으로, 기도로, 사

랑으로 키워야 합니다. 어릴 적부터 바른 말씀과 사랑으로 양육하면, 커서도 올바른 인격을 가지고 바른 삶을 살 수 있습니다.

링컨이 하원의원으로 재직하고 있을 당시, 처가가 있는 미국 켄터키 렉싱턴 지역을 방문한 적이 있었습니다. 그때 마차를 타고 함께 가던 육군 대령이 링컨에게 시원한 위스키 한 잔을 권했습니다. 링컨은 정중하게 사양했습니다.

"대령님, 고맙습니다. 저는 위스키를 마시지 않습니다." 그러자 대령은 주머니에서 켄터키의 가장 좋은 담배를 꺼내 권했습니다. "죄송합니다. 담배도 피우지 않습니다." 무안해하는 대령에게 링컨은 "제가 술과 담배를 하지 않는 이유를 말씀드려도 되겠습니까?"라고 하고는, "제가 10살 때 어느 날 어머니께서 몸이 많이 불편하셨는데 저를 침대 곁으로 부르시고 말씀하셨습니다. '에이브야, 의사 선생님께서 내가 회복되지 못할 것이라고 하는구나. 나는 네가 훌륭한 사람이 되기를 진심으로 소원하며 기도하고 있단다. 내가 죽기 전에 나와 약속 하나 해줄 수 있겠니? 평생 동안 술과 담배를 입에 대지 않겠다고 말이다.'

저는 그때 어머니께 그렇게 하겠다고 약속을 드렸

습니다. 그 이후로 지금까지 어머니와의 약속을 지키고 있습니다. 이것이 제가 술과 담배를 사양하는 이유입니다."

함께 마차를 타고 있던 대령은 어머니와의 약속을 지키는 링컨에게 존경의 뜻을 표했습니다. (『백악관을 기도실로 만든 대통령 링컨』중에서)

기도하는 어머니, 말씀을 읽는 아버지 곁에서 자란 아이들이 잘못될 리가 없습니다.

에베소서 6장 2절은 또한 부모님을 공경하라고 말씀하고 있습니다.

° 공경하라 (5계명)

2절, "네 아버지와 어머니를 공경하라 이것이 약속 있는 첫 계명이니라" 하였습니다. 기억할 것은, 부모는 하나님이 아니며 천사도 아니며 그냥 인간일 뿐입니다. 그러기에 수많은 허물이 있을 수 있습니다. 인간의 연약함을 아시기에 하나님은 '부모를 사랑하라' 대신에 '공경하라'고 하십니다. 공경은 사랑과 존경 없이도 가능합니다. 단지 자식보다 긴 인생을 살았다는 이유만으로 공경할 수 있습니다. 공경이란 히브리어로 '카바드'라는 말인데, 무겁다, 무게를 인정한다는 뜻입니다. 우리보다 앞서 걸어오신 부모님의 삶의 무게, 경륜의 무게, 인식의 무게가 있으므로 그 무게를 인정하라는 것입니다. 그것이 부모님을 공경하는 이유입니다.

° 공경해야 할 이유

부모는 보이지 않는 하나님의 눈에 보이는 대리인이요, 생명이 부모님으로부터 왔기 때문이며, 부모에 의해 양육되었고, 뿌린 대로 거두기 때문입니다. 먼 훗날 자식들이 여러분을 어떻게 대할는지 궁금하시죠?

알 수 있는 방법은 지금 여러분이 부모를 대하는 모습을 보면 됩니다. 공경심으로 부모를 대하면 훗날 되돌려 받습니다. 그러므로 부모의 권위를 인정하고, 자주 찾아뵐 수 있기를 바랍니다. 주 안에서 부모님 말씀에 따르며, 부모님의 필요를 채워드려야 합니다. 부모님은 용돈이 필요합니다. 십일조 하는 사람은 부모님의 용돈을 십일조 할 수 있어야 합니다.

"누구든지 자기 친족 특히 자기 가족을 돌아보지 아니하면 믿음을 배반한 자요 불신자보다 더 악한 자니라"(딤전 5:8) 하고 강한 어조로 교훈했습니다.

사랑하는 사람들에게 권면합니다.

˚ 여러분의 자녀와 행복한 가정을 위해 5월에 기도합시다.

바이올린 연주가는 하루를 연습하지 않으면 본인이 알고, 이틀을 연습하지 않으면 가족이 알고, 사흘을 연습하지 않으면 청중이 안다고 하지 않습니까? 부모가 율법적이고 형식적이며 외식적인 삶을 내 자녀가 압니다. 세상적으로 살아가면 아이들이 그대로 배웁니다. 그러므로 뜨거운 가슴을 가지고 새벽으로, 저녁으로 성전에서, 골방에서 기도하는 시간을 가지시기 바랍니다.

오래 전 한국을 떠나 외국에서 생활하고 있는 어느 성도님이, 이국 땅에서 첫 아이를 얻었을 때의 심경을 직접 기록한 글을 어느 목사님이 설교에서 소개하신 적이 있습니다.

"제 아이가 태어날 때에는 제가 거듭난 크리스천이 되기 전이었습니다. 바르게 살고 싶은 마음과 그와는 동떨어진 현실의 삶 사이에서 말할 수 없는 마음 고생을 하고 있을 때였습니다. 그 와중에서 아이가 태어났고, 3일째 되는 날 아내와 아이는 병원에서 퇴원하게 되었습니다. 퇴원 수속을 위해 병원으로 갈 때부터 이상하게도 제 가슴이 메어지는 것 같았습니다. 시내에 위치한 병원을 나서면 당시 제 집으로 향하는 고속도로 입구가 있었습니다. 그러나 아내와 아이를 태운 제 차가 고속도로가 아닌 국도를 달리고 있다는 사실을 한참 후에야 깨닫게 되었습니다. 그것은 전혀 제가 의도한 일이 아니었습니다. 마침 그 국도를 따라가면 제가 다니던 교회가 있었습니다. 갑자기 제 마음속 깊은 곳으로부터 아이를 데리고 교회에 들어가 기도해야겠다는 생각이 불일 듯 일어났습니다. 아직 산후 조리가 끝나지 않은 아내는 차에서 기다리기로 하고, 저는 아이를 품고 교회 안으로 들어갔습니다. 그날은 주중인데다 시간마저 아침 10시경이어서 교회 안에는 아무도 없었습니다. 저는 강대상 옆에 아이를 내려놓고 무릎을 꿇었습니다. 그 순간 뜨거운 눈물이 하염없이 흘렀습니다. 나 같은 죄인에게 이 귀한 생명을 허락하여 주신 하나님을 향한 감사의 눈물이었습니다."

집사님의 글은 이렇게 끝맺습니다.

"이렇게 하여, 아이가 이 세상에 태어나 처음 들어간 곳은 집이 아니라 교회였습니다. 그 이후로 저희 내외는 저희 아이가 이 마지막 때 하나님의 귀한 도구로 쓰임 받기를 기도해오고 있습니다. 그리고 하나님께서 저희 아이의 일평생을 구체적으로 주관하여 주실 것을 확신하고 있습니다."

◦ 신앙의 자리를 지킵시다.

부모가 주일날 등산도 가고 낚시 가는 것도 좋지만, 과연 그럴까요?

자녀들이 바라보는 부모는 좀 부족해도, 좀 연약해도 내 엄마 아버지가 성경을 들고 교회에서 말씀을 배우고 성가대에 앉아 찬양을 부르는 모습, 교회 휴지를 주우며 봉사하는 모습, 그리고 부부가 손을 잡고 가정으로 돌아가 즐겁게 사시는 모습을 본다면, 아이들은 훗날 반드시 가정을 지킬 것입니다.

만남의 장소가 산이나 낚시터가 아니라 교회로 가면 부모님을 언제나 만날 수 있다고 생각하며, 그들 또한 기도의 자리, 말씀의 자리, 봉사의 자리로 나아가게 될 것입니다. 그럴 때 이 사회는 행복한 가정, 복된 사회가 될 것입니다. 주님의 복이 여러분 가정에 함께 하시길 축복합니다.

『어머니 마음』

낳실제 괴로움 다 잊으시고
기를 제 밤낮으로 애쓰는 마음
진자리 마른자리 갈아 뉘시며
손발이 다 닳도록 고생하시네
하늘 아래 그 무엇이 넓다 하리오
어머님의 희생은 가이없어라

어려선 안고 업고 얼려 주시고
자라선 문 기대어 기다리는 맘
앓을사 그릇될사 자식 생각에
고우시던 이마 위에 주름이 가득
땅 위에 그 무엇이 높다 하리오
어머님의 정성은 지극하여라

사람의 마음 속엔 온가지 소원,
어머님의 마음 속엔 오직 한 가지
아낌없이 일생을 자식 위하여
살과 뼈를 깎아서 바치는 마음
이 땅에 그 무엇이 거룩하리오
어머님의 사랑은 그지없어라

윤석중,「어머니 마음」

복된 삶
시편 119:1-3

오늘 읽을 말씀은 시편 119편 1~8절 말씀입니다.

"(시 119:1-3) 행위가 온전하여 여호와의 율법을 따라 행하는 자들은 복이 있음이여 여호와의 증거들을 지키고 전심으로 여호와를 구하는 자는 복이 있도다 참으로 그들은 불의를 행하지 아니하고 주의 도를 행하는도다."

시편 119편은 176절로 이루어진 성경 중 가장 긴 절입니다. 매 절 8절씩 22연으로 구성되어 있고 매우 치밀하고 정돈된 지혜시입니다. 특히 매 절의 첫 절은 히브리어의 알파벳순으로 연결되어 있는 답관체입니다.

또한 절마다 말씀이 들어가 있습니다. 율례, 규례, 주의 도, 주의 법도, 계명, 증거, 규례 등은 모두 하나님의 말씀을 나타냅니다. 시편 119편을 대하면서 깨닫는 것은 하나님은 질서의 하나님이시며 우리가 은혜 받으려면 정돈된 마음, 준비된 말씀이 아주 중요함을 깨닫습니다. 특히 설교 같은 경우도 준비를 하되 잘 소화하여 청중을 보며 자유롭게 이야기하여야 할 것입니다. 듣는 이들 또한 들을 준비가 되어 있고 은혜를 사모할 때 하나님의 놀라운 은혜가 임함을 성경을 통하여 알 수 있습니다. 오늘 읽은 말씀은 복된 삶이란 어떤 것인가를 말해줍니다.

° 첫째, 행위가 온전하여 여호와의 율법을 따라 행하는 자가 복이 있습니다.

하나님의 말씀을 따라 행하기 위해서는 하루를 하나님의 말씀으로 시작하여야 할 것입니다. 가장 좋은 방법은 새벽기도를 통하여 말씀을 읽고 듣고 행하기 위하여 기도로 하루를 여는 것입니다. 여건이 되지 않으면 자기 집에서나 공부방, 어디에서건 큐티를 하는 것입니다.

현대인은 바쁘다고 합니다. 루터는 말하기를 "바쁘기 때문에 더 기도한다"고 하였습니다. 바른 삶을 살고 하나님의 말씀을 따라 사는 자가 복이 있다고 하였으니 하루 5분에서 15분도 투자하지 못한다면 하나님의 도우심과 인도하심 따라 행복한 삶을 살기를 포기한 것과 같습니다. 오늘 집을 나서기 전 기도했습니까? 오늘 받을 은총 위해 호소했나요?

기도와 말씀은 우리의 안식을 줍니다. 일을 잘하게 하며, 위기를 기회로 만들며 새 힘을 줍니다. 그것은 하나님을 따라 살기 원하는 자들에게 베푸시는 하나님의 사랑입니다.

◦ **둘째, 여호와의 증거, 곧 말씀을 지키는 자가 복이 있습니다.**

성경에 "이 예언의 말씀을 읽고 듣고 지키는 자들이 복이 있다"(계 1:3) 하였습니다. 말씀을 읽고 듣는 것은 곧 내 손과 발과 가슴에 적용시켜 지키는 것이며, 행하는 것입니다. 그런 자들이 복이 있다고 하였습니다. "복 있는 사람은 악인들의 꾀를 따르지 아니하며"(시 1:1) 하였는데, 이 말씀은 악한 자의 의견을 따르지 아니하는 자, 하나님을 부인하는 자를 따르지 아니하는 사람이 복된 자라는 뜻입니다.

"죄인들의 길에 서지 아니한다"는 것은 목표에서 벗어나 진리의 길이 아닌 다른 길을 가는 자의 편에 서 있지 아니한다는 의미입니다. 오만한 자란 진리를 따라 사는 자를 비웃는 자, 냉소적인 사람을 말합니다. 그러나 하나님의 말씀을 묵상하고 따르는 자는 행복한 사람이라고 말씀합니다.

◦ **셋째, 전심으로 여호와를 구하는 자가 복이 있습니다.**

어제 한 젊은 여성을 만났습니다. 그의 짧은 신앙고

백 중에, 미국에서 2년 정도 지내는 동안 그는 심한 우울증에 너무나 견디기 힘든 삶을 살았다고 했습니다. 그래서 삶을 포기하기로 하고 목을 매 자살을 시도했는데 얼굴이 까맣게 변하며 넘어가는데 그만 줄이 터져 실패하고 말았다고 했습니다. 그런가 하면 자동차에 뛰어들었는데 넘어지면서 살아나게 되고, 높은 다리 위에 올라가 뛰어내리려는데 어떤 남자가 자기를 잡아당겨 돌아보니 그 남자분이 갑자기 사라져 보이지 않았다는 것입니다.

그런 중에 자매님의 어머님이 교회에 한번 나가기를 소원하였는데, 죽기 전에 어머님의 소원을 한번 들어드려야겠다고 결심하고 어머니를 따라 교회에 나갔습니다. 그런데 사람이 많아 소예배실에서 예배를 드리며 이런 기도를 드렸답니다. "하나님, 나는 하나님을 잘 모릅니다. 이제 생명을 내가 정리하고자 하니 불쌍히 봐주십시오." 그런데 갑자기 배에서 솟구치는 무엇이 오르면서 입에서 방언(성경에 나타난 하나님이 주신 기도의 언어)이 터지며 배에서 생수가 터져 나오듯 기도가 터져 나왔습니다. 그리고 하나님께서 '내가 너를 사랑한다. 내가 너를 지명하여 불렀다'는 음성을 주셨습니다. 그때 온갖 죄들이 주마등처럼 지나가며 회개를 쏟아놓고 나니 몸이 가벼워지고 마음의 무거운 짐들이 사라지며 유쾌하고 건강하게 되었다고 했습니다. 지금은 신학 공부를 하며 선교의 비전을 가지고 있다고 하였습니다. 기도 중에 검은 아이들이 보이면서 하나님은 저들을 위해 네가 할 일이 있다고 하셔서 아프리카 선교의 비전을 가지고 2년간 기도해 오고 있다고 하였습니다.

그녀는 하나님에 대하여 구체적으로 몰랐지만 진심으로, 전심으로 하나님을 찾았고 자신의 문제를 솔직하게 내어놓을 때 하나님은 만나주셨습니다. 잠언 8:17은 이렇게 말씀합니다. "나를 사랑하는 자들이 나의 사랑을 입으며 나를 간절히 찾는 자가 나를 만날 것이니라." 이렇게 행위가 온전하게, 전심으로 여호와를 구하는 자들은 하나님의 말씀을 항상 자기 앞에 두고 그 은혜로 살아가기를 소망하는 것입니다. 그리고 기도하게 되는 것입니다.

° **넷째, 말씀을 따라 사는 자는 정직한 마음으로 감사하게 됩니다.**

시편 119:7에 보면 "내가 주의 의로운 판단을 배울 때에는 정직한 마음으로 주께 감사하리이다."

말씀처럼 주의 말씀을 따라 살려는 자는 정직한 마음으로, 진실된 삶을 살기를 간구하게 됨을 알 수 있습니다.

어제 저는 아프리카 짐바브웨에서 온 신병수 선교사 가족을 만났습니다. 사모님과 두 딸이 함께 저희 교회에서 예배드리고 식사하며 교제를 나누었습니다.

그 자리에서 선교사님 부부가 이런 간증을 나누셨습니다. 짐바브웨에서 지내는 중 비자 문제로 어려움이 생겼는데, 담당자가 돈을 요구하여 브로커를 통해 해결했다고 합니다. 그러나 담당자가 바뀌고 비자 기한이 다 되어 인터뷰를 하게 되자 더 이상 일을 할 수 없게 되었다는 것입니다. 그때 선교사님 부부는 모든 것을 하나님 앞에 내려놓기로 작정하고 기도하며, 담당관을 찾아가 솔직히 고백했다고 합니다.

"미안합니다. 사실 우리가 브로커를 통하여 비자를 받았는데, 질서를 무시한 잘못이 있었습니다. 용서해 주십시오."

그 후 모든 것을 하나님께 맡기고 지내는 동안, 고산지대 생활로 인해 사모님은 호흡곤란으로 여러 번 쓰러지셨고, 선교사님도 오른쪽 팔의 통증으로 힘든 시간을 보냈습니다.

그런데 한국에서 기도하던 한 여전도사님이 아프리카 짐바브웨로 가라는 하나님의 음성을 듣고 찾아와 함께 기도하는 중에 그 병이 깨끗하게 나았다고 합니다. 이후 이민 담당자로부터도 비자 문제가 해결되었고, 선교사님을 신뢰하는 관계가 되어 많은 이들에게 유익을 끼치게 되었다고 합니다.

이 간증을 나누며 신병수 선교사님의 부인께서는 하나님께서 놀라운 계획으로 함께하심을 체험하게 되었다고 고백하셨습니다.

사랑하는 극동방송 청취자 여러분!

우리가 행위를 바르게 하고 하나님의 말씀을 따라 살아가며, 그 말씀을 삶의 잣대로 삼는 동안 행복한 삶이 되시기를 축복합니다. 혹시 지금 하나님을 알지 못해 인생이 힘들고 지치며 우울한 삶을 살고 계십니까?

그렇다면 있는 그 자리에서 하나님을 찾으십시오. 전심으로 찾으면 하나님께서는 만나주시고, 길을 열어주시며, 사람을 붙여주시고, 문제를 해결해주십니다.

우리 모두 바쁠수록 기도하는 자리로 나아가며, 말씀을 손과 발에 새기는 삶으로 행복한 삶을 살아가시길 축복합니다.

하나님 은혜
요한복음 3:16

극동방송 청취자 여러분! 지난 한 주간도 평안하셨는지요? 날씨가 더워지기 시작했습니다. 이럴 때, 우리는 마음 관리를 잘하며 매사에 시험에 들지 않고 은혜의 삶을 살아야 합니다. 은혜의 삶을 위해 주님의 위로와 구원의 기쁨이 충만하시길 축복합니다. 오늘 읽을 말씀은 요한복음 3장 16절 말씀입니다. "하나님이 세상을 이처럼 사랑하사 독생자를 주셨으니 이는 그를 믿는 자마다 멸망하지 않고 영생을 얻게 하려 하심이라"

˚ 은혜란 무엇일까요?

은혜란 말 그대로 '거저 받는 선물'이라는 뜻입니다. 햇빛과 공기는 값 없이 주어진 선물입니다. 값을 주고 사는 것이 아닙니다. 우리 몸 역시 부모로부터 물려받은 귀한 선물입니다. 지체 하나하나가 참으로 소중한 것입니다.

저와 친한 정홍규 목사님이 계십니다. 목사님은 시력이 좋지 않아 책을 볼 때 눈앞에 가까이 대야 하고,

컴퓨터 글씨도 크게 확대해야만 보이십니다. 어느 날 차를 함께 타고 가다가 제가 "수술을 받으면 더 잘 볼 수 있지 않겠느냐"고 물었습니다. 목사님은 "눈 수술에 1억이 들더라도 볼 수 있다면, 돈이 있으면 꼭 하고 싶다"고 하셨습니다.

우리가 볼 수 있고, 들을 수 있고, 만질 수 있다는 사실이 얼마나 감사한 일인지 새삼 깨닫게 됩니다.

김용만 씨와 탁재훈 씨가 진행하는 '일요일 일요일 밤'이라는 TV 프로그램에서, 스리랑카 내전으로 다리를 잃은 두 소년을 한국에 데려와 치료하고 의족을 맞춘 뒤, 다시 고향으로 돌아가 부모들 앞에서 걸어 보이는 감격적인 장면이 방영된 적이 있습니다. 의족을 한 채 축구까지 하는 모습이 전파를 타자, 방송을 보던 많은 이들이 눈물을 흘리며 감사해했습니다.

의족만으로 걸을 수 있다는 사실도 그렇게 감사하고 감격스러운데, 하물며 두 팔과 두 다리로 자유롭게 걷고 움직일 수 있다는 것이 얼마나 큰 은혜인지 모릅니다.

저희 교회 청년이 친구와 함께 휴대폰 가게를 열었는데, 그 형제의 친절한 안내로 스마트폰을 구입했습니다. 새로 산 스마트폰이라 기분이 무척 좋았습니다.

차를 운전하던 중 새 휴대폰으로 전화를 받다가 잠시 밑을 본 순간, 시속 70km로 경산 이마트 내리막길을 내려가는 도중에 갑자기 '퍽' 하는 사고가 났습니다. 순간적으로 죽는 줄 알았습니다. 에어백이 터지고 차에 연기가 나며 기름이 흘렀습니다. 신호등 앞에 서 있던 혼다 승용차를 보지 못하고 그대로 들이받은 것이었습니다.

에어백이 터지지 않았다면, 안전벨트를 매지 않았다면 즉사하거나 큰 사고를 당했을 뻔했습니다. 다행히 앞차 운전자분도 먼저 내려와 괜찮다고 하며 보험처리로 잘 마무리되었습니다. 돌아보니 그 자체가 기적이요, 감사한 일이었습니다. 저는 이 사건을 회개하며 살라는 하나님의 싸인으로, 또 여전히 제게 맡기신 사명이 있음을 확인하는 사건으로 받았습니다. 살아 있다는 사실만으로도 표현할 수 없는 감격이 제 안에 있었습니다.

우리는 햇빛과 공기와 물을 마음껏 누리면서도 세금 한 푼 내지 않고 살아가는 은혜, 볼 수 있고 걸을 수 있는 은총, 죽음에서 건짐을 받고 사건과 사고에서 보호받는 은혜를 누리고 있습니다. 이 모든 것도 감사하지만, 오늘은 그보다 더한, 일곱 무지개 색보다 아름다운 하나님의 사랑을 요한복음 3장 16절은 말씀하고 있습니다.

° **하나님이 세상을 이처럼 사랑하사**

사랑이란 말은 우리말에서는 한 가지로 표현되지만 헬라어에는 네 가지로 구분됩니다.

① 에로스(ἔρως): 남녀 간의 사랑
② 필리아(φιλία): 친구 간 우정의 사랑
③ 스톨게(στοργή): 부모의 사랑
④ 아가페(ἀγάπη): 조건 없는 사랑, 하나님의 사랑

본문의 "하나님이 세상을 이처럼 사랑하사"는 바로 아가페적 사랑을 의미합니다. 그 사랑의 절정은 독생자를 주신 사건입니다.

° **독생자를 주셨으니**

이유는 이 땅에 의인이 한 사람도 없기 때문입니다. 인간은 치우쳐 무익하게 되었기에, 흠도 죄도 없으신 하나님의 독생자를 보내신 것입니다.

마치 사람이 개미에게 "내가 너를 사랑한다"고 아무리 외쳐도 개미는 알아듣지 못합니다. 개미와 소통하려면 사람이 개미가 되어야 합니다. 이처럼 하나님

이 인간이 되셔서 우리가 알아들을 수 있도록 말씀하셨습니다. 그것이 바로 성육신 사건이며, 성탄절이고, 성경 말씀입니다.

° 믿는 자마다 영생을 얻게 하심이라

구원은 하나님의 선물입니다. "너희는 그 은혜에 의하여 믿음으로 말미암아 구원을 받았으니 이것은 너희에게서 난 것이 아니요 하나님의 선물이라"(엡 2:8). 구원은 조건 없는 사랑, 묻지도 따지지도 않고 그냥 주시는 은혜입니다.

십자가 옆 강도가 마지막 순간 "주여, 당신의 나라에 임하실 때에 나를 기억하소서"(눅 23:42) 라고 고백했을 때, 주님은 즉시 "네가 오늘 나와 함께 낙원에 있으리라"(눅 23:43) 하셨습니다. 이것이 바로 아가페적 은혜입니다.

° 누구든지 믿기만 하면 구원을 받습니다

기독교는 복된 소식, 곧 복음(Good News)입니다. 누구든지 예수님을 믿으면 구원을 얻습니다."영접하는 자 곧 그 이름을 믿는 자들에게는 하나님의 자녀가 되는 권세를 주셨으니" (요 1:12).

청취자 여러분! 기독교는 복된 소식입니다. 예수님을 믿을 때 죄에서 구원을 얻고, 영생을 선물로 받습니다. 2000년 전 이미 우리의 죄값을 완불하신 예수님을 믿고, 은혜로운 삶, 복된 삶을 누리시길 축복합니다.

말씀하시는 하나님
요한복음 20:30-31, 히브리서 1:1-2

여러분, 지난 한 주 동안도 평안하셨습니까? 자꾸만 더워져 가는 계절이지만 하나님의 말씀 속에 생수 같은 은혜를 받으며 새 힘을 얻으시길 바랍니다. 오늘 은혜 받을 말씀은 히브리서 1장 1-2절입니다.

"옛적에 선지자들을 통하여 여러 부분과 여러 모양으로 우리 조상들에게 말씀하신 하나님이, 이 모든 날 마지막에는 아들을 통하여 우리에게 말씀하셨으니, 이 아들을 만유의 상속자로 세우시고 또 그로 말미암아 모든 세계를 지으셨느니라."

오늘 본문은 하나님이 말씀하신다고 설파하고 있습니다. 말씀하시는데 여러 부분과 여러 모양으로 말씀하십니다. 먼저, 자연 속에서, 우주에, 인간의 양심을 통하여, 종교적 경험을 통하여 말씀하고 계신다는 것입니다.

시편 91편 1절에 보면 "하늘이 하나님의 영광을 선포하고 궁창이 그의 손으로 하신 일을 나타내는도다"

라고 하였습니다. 더 구체적으로는 옛적에는 선지자(예언자)들을 통하여 조상들에게 말씀하셨다는 것입니다. 들판에서, 뽕나무 밭에서, 얍복강에서, 호렙산에서, 감옥에서, 성전에서, 왕궁에서 하나님은 선지자들을 통하여 이스라엘 백성들에게 말씀하셨다는 것입니다. 마지막으로 아들을 통하여 — 즉 예수 그리스도를 통하여 우리들에게 생생하게, 분명하게 말씀하고 계신다는 사실입니다. 그런데 사람들이 이 하나님의 말씀을 잘 알아듣지 못하고 있는 것이 문제입니다.

하나님이 어떻게 말씀하셨을까요?
◦ **직접 말씀하셨습니다.**

하나님께서 아브라함을 부르셨을 때, "아브람아, 너는 본토 친척 아버지 집을 떠나라", "모세야, 신을 벗어라" 하셨다면 어떤 소리로 들렸을까요? 인간이 하나님의 소리를 알아들을 수 있을까요? 알아듣지 못합니다. 하나님께서 인간에게 말씀하셨다면 인간이 알아들을 수 있는 소리로 말씀하셔야 알아들을 수 있습니다. 아마도 하나님이 "아브라함"이라고 부르실 때는 고대 아람어 혹은 서북 셈어 계통의 방언이었을 것입니다. 호렙산에서 "모세야"라고 부르실 때는, 당시 모세가 미디안 광야에서 양을 치며 생활하던 시기에 부름을 받았으므로, 그 당시 사용한 언어는 히브리어나 아람어 계열 언어였을 것으로 추정됩니다. 다시 말해 하나님만이 아시는 언어로 말씀하셨다면 알아들을 수 없었을 것입니다. 당시 보편적으로 그들 문화 속에서 사용하던 언어로 들렸기 때문에 하나님과 대화가 가능했던 것입니다. 만약 한국 사람을 선택하셨다면 한국말로, 중국 사람에게는 중국말로, 인간이 알아들을 수 있는 말로 말씀하셨을 것입니다.

° 예수님을 통하여 말씀하셨습니다.

공원을 낀 교회 사택 4층 창가에는 아침이면 새소리, 매미 소리가 요란합니다. 가끔 새들이 노래하고 짹짹거리는 소리를 들으며 창문을 열고 목을 가다듬어 새소리를 흉내 내어 봅니다. 그러면 새들이 잠시 조용하다가 다시 짹짹거리며 반응합니다. 제가 "참새야, 매미야 사랑해" 한다고 해서 그들이 알아들을 수 있을까요? 알아듣지 못합니다. 알아듣게 하려면 내가 참새가 되고 매미가 되어 함께 생활해야 소통이 이루어질 것입니다. 요한복음 1장 14절에 보면 "말씀이 육신이 되어 우리 가운데 거하시매 우리가 보니 독생자의 영광이요 이는 은혜와 진리가 충만하더라" 하였습니다. 이를 역사화의 방편이라 합니다.

　° 또한 하나님은 문서를 통하여 말씀하셨습니다.

　주님은 말씀이시고 말씀하시는 분이십니다. 초대교회 당시 사람들은 예수님이 곧 재림하시는 줄 알았습니다. 그러나 증인들이 자꾸만 죽어가고 사도들도 죽어가니, 빨리 이것을 문서로 남겨야겠다고 하여 기록된 것이 오늘의 복음서입니다. 이것을 문서화의 방편이라 합니다.

　"모든 성경은 하나님의 감동으로 된 것으로 교훈과 책망과 바르게 함과 의로 교육하기에 유익하니"(딤후 3:16)

　° 오늘날도 성경을 통하여 말씀하고 계십니다.

　그러므로 우리는 말씀을 잘 알아듣고 전해야 합니다. 호스피스로 봉사하는 집사님이 계셨습니다. 말기 환자들을 위해 간병하고 보살피는 귀한 봉사였습니다. 어느 날, 돌보던 환자 중 말을 하지 못하고 몸을 가누지 못하는 분이 집사님을 향해 몸을 비틀며 눈을 부릅뜨고 얼굴을 일그러뜨렸습니다. 그러자 집사님은 놀라서 "사탄아 물러가라! 예수님의 이름으로 명하노니…" 하고 돌아왔습니다. 그날 밤, 잠을 자는 동안에도 평안하지 않았습니다. 오랫동안 그분을 위해 기도하며 봉사했는데, 그 일그러진 모습을 보고 병원에 가기가 싫었습니다. 목사님을 찾아가 사정을 이야기하고 상담을 하였습니다. 이야기를 다 들으신 목사님은 천천히 말씀하셨습니다.

"집사님, 그동안 수고 많으셨습니다. 누워 계신 환자분이 집사님의 수고에 너무 고마워서 감사를 표현하려 했는데, 그날은 온 힘을 다해 표현하다 보니 집사님이 오해한 것 같습니다. 다시 가서 그분의 손을 잡고, '선생님, 말씀하지 않아도 압니다. 고생 많으셨습니다. 제가 기도하고 있습니다'라고 전해 주세요."

목사님의 말씀을 듣고 다시 용기를 내어 병원에 가서 환자의 손을 꼭 잡아 드리니, 닭똥 같은 눈물을 흘리며 얼굴이 밝아졌습니다. 오늘 우리도 하나님의 말씀을 잘 알아듣고 교통이 되어야 합니다.

° 사도 요한의 말

요 20:30에서 "이 책에 기록되지 않은 많은 것을 알고 있다"고 말하고 있습니다. 요 21:25에서는 "세상이라도 기록된 책을 두기에 부족할 줄 아노라"(과장법)라고 하였습니다. 그런데 요한복음은 불과 21장입니다. 그 말은 많은 것을 알고 기록할 내용이 있었지만 꼭 필요한 것만 추려내었다는 말입니다. 엑기스를 뽑은 것입니다.

요한은 왜 자신의 자료를 다 활용하지 않았을까요?

우리 주변에는 박물관이 많습니다. 남한산성에는 한경직 목사님의 유물이 전시되어 있습니다. 목사님은 돌아가셨고, 박물관에는 역사적인 기록물과 자료만 보관되어 있습니다. 만약 주님이 죽으신 분이라면 자료를 낱낱이 진열했을 것입니다. 그러나 주님은 부활하시고 살아 계시기에 많은 자료를 전시할 필요가 없습니다. 매일 만나주시기 때문입니다.

요한은 정규 교육을 받은 적이 없습니다. 문장 수업을 하였거나 어휘력이 풍부하지 않았습니다. 그러나 영감이 차고 넘쳤습니다. 보고 들은 바가 많았고 기록할 것이 많았지만, 하나님의 말씀을 인간의 언어로 표현하려 할 때 얼마나 진통이 컸겠습니까? 어느 목사님은 "매주 말씀을 준비하는데 1-2kg씩 살이 빠진다"고 말했습니다. 그만큼 진통이 크다는 말입니다.

º 오늘의 은혜

오늘날 수많은 출판물이 쏟아져 나오고 있습니다.

말씀의 홍수 시대입니다. 그러나 홍수 뒤에는 마실 물이 없습니다. 물은 많지만 흙탕물이라면 마실 수 없습니다. 이제는 무엇보다 말씀의 정제가 필요합니다.

사도 요한이 깊은 묵상 중 주님과 함께했던 이야기를 간추려 글로 남긴 것은 그의 진액을 쏟은 것이었습니다. 백발의 요한이 인간의 언어로 복음을 풀어냈다는 것은 결코 쉬운 일이 아니었습니다.

모든 성경은 하나님의 감동으로 된 말씀입니다. 그러나 옛적부터 사탄은 말씀을 혼란스럽게 만들었습니다. 영지주의자들은 말씀을 잘라내고, 신비주의자들은 체험을 덧붙이며, 어떤 이들은 몇 구절로 전체를 왜곡했습니다.

그러므로 여러분은 담임목사님의 설교를 귀 기울여 듣고, 스스로 성경을 읽으며 하나님과 깊은 사귐을 가지시기 바랍니다. 말씀을 통해 복을 받고 영원한 생명을 소유한 믿음의 사람들이 되시길 바랍니다. 그리고 십자가에서 "다 이루었다" 하신 복음의 완성을 굳게 붙잡으시길 바랍니다. 이제 우리의 사도행전, 곧 복음을 삶으로 살아내며 하나님과 동행하시기를 축복합니다.

단독면회 신청
잠언 3:6

국제횃불 사모 기도회를 만들어 함께 일해온 권안나 목사님의 말씀 중 감동적인 말씀이 있습니다.

무슨 일을 하든지 당황하지 않고 주어진 상황을 묵상하고, 왜 그러한 일이 주어졌는지 하나님께 물으며 그 상황, 그 처지 속에서 최선을 다하면 좋은 일이 일어난다는 것이었습니다.

자동차를 타고 볼일을 보기 위해 시동을 거는데 자동차 기름이 떨어졌을 때, 주머니에 돈이 없고 기름 값이 없어 움직일 수 없을 때, 이렇게 생각한다고 합니다. '하나님의 단독면회신청 시간'이라 생각하고 엎드려 기도하는 것입니다. 기도하다 보면 무언가 없는 그 상황이, 가지 못한 그 일이, 묶여 있는 그 자리가 '금광'이 될 수 있다는 것입니다.

움직일 수 없어 어려운 문제를 놓고 엎드린 그 자리에서 기도하면, 돈이 해결되고, 기쁨이 주어지고, 어려운 문제의 답도 나오고, 건강이 좋아지고, 문제의 해결도 보이게 되고, 길이 생기고, 방법이 주어지고, 지혜가 주어지며 힘과 용기가 솟는 자리가 되고 합력하여 선한 것으로 되어지는 것인 즉, 어려운 그 자리가 '금광'이라는 것입니다.

  상황이 안좋다고 우울증에 걸리거나 구차하게 살아가는 것이 아니라 하나님의 자존심을 세워 드리고 비겁하게 살지 않으며, 하나님의 영광을 위하여 모든 것을 믿으며, 참으며 정도(正道)로 살아가고 하나님의 영광을 드러나게 함으로 구차하게 살지 않는 인생이 된다는 것입니다.

  그러합니다. 이제 우리가 살아가는 동안 안달하지 말아야 합니다.

  한 손에는 성경을 들고는 입이 뻣뻣하고 힘이 없다고 변명하지 말고, 하나님의 방법과 하나님의 능력을 믿고 믿음으로 살아가야 합니다.

  내 시각, 내 중심으로 판단하여 조급해하지 말고 주어진 모든 일들을 하나님 앞에 펼쳐놓고 하나님의 시간표에 맞추며 어렵고 힘든 일에도 하나님의 섭리를 생각하십시오. 오히려 그 일이, 막힌 그 일들이 '하나님의 단독면회 신청' 시간이 되어 그 속에서 최선을 끌어내는 삶으로 변화되기를 바랍니다.

창연:蒼然록 (푸르고 아득한 은혜의 기록)

초판 발행 2025년 10월 10일

지은이　박연근
펴낸곳　로고스앤페이퍼
편　집　이승갈
디자인　로고스앤페이퍼, 옥돌

등　록　제2025-000067호
이메일　logosnpaper@gmail.com
전　화　02-383-9693
팩　스　0504-421-1213

ISBN 979-11-995106-0-9

*책 값은 뒷표지에 있습니다.
*잘못된 책은 구입처에서 교환해 드립니다.